编　委　会

（按姓氏笔画排序）

红色潮州

革命事迹

中共潮州市委宣传部
中共潮州市委党史研究室　编
潮州市文学艺术界联合会

暨南大学出版社
JINAN UNIVERSITY PRESS

中国·广州

图书在版编目（CIP）数据

红色潮州.2,革命事迹/中共潮州市委宣传部,中共潮州市委党史研究室,潮州市文学艺术界联合会编.—广州：暨南大学出版社,2023.9
ISBN 978-7-5668-3769-1

Ⅰ.①红… Ⅱ.①中… ②中… ③潮… Ⅲ.①革命史—潮州 Ⅳ.①K296.53

中国国家版本馆 CIP 数据核字（2023）第 167536 号

红色潮州：革命事迹
HONGSE CHAOZHOU：GEMING SHIJI

编　　者：中共潮州市委宣传部　中共潮州市委党史研究室　潮州市文学艺术界联合会

出 版 人：张晋升
策　　划：黄圣英
责任编辑：冯　琳　詹建林
责任校对：刘舜怡　陈慧妍
责任印制：周一丹　郑玉婷

出版发行：暨南大学出版社（511443）
电　　话：总编室（8620）37332601
　　　　　营销部（8620）37332680　37332681　37332682　37332683
传　　真：（8620）37332660（办公室）　37332684（营销部）
网　　址：http：//www.jnupress.com
排　　版：广州市新晨文化发展有限公司
印　　刷：深圳市新联美术印刷有限公司
开　　本：787mm×960mm　1/16
印　　张：42.5
字　　数：631 千
版　　次：2023 年 9 月第 1 版
印　　次：2023 年 9 月第 1 次
总 定 价：180.00 元（全四册）

（暨大版图书如有印装质量问题，请与出版社总编室联系调换）

前　言

习近平总书记强调"要把红色资源作为坚定理想信念、加强党性修养的生动教材，讲好党的故事、革命的故事、根据地的故事、英雄和烈士的故事，加强革命传统教育、爱国主义教育、青少年思想道德教育，把红色基因传承好，确保红色江山永不变色"。

潮州是承载红色记忆的革命老区，革命开展早，是全国最早传播马克思主义、广东最早响应五四运动的地区之一；革命时间长，从大革命时期到解放战争时期持续不断，影响重大。新民主主义革命时期，在中国共产党领导下，潮州人民为民族独立和人民解放而英勇奋斗，涌现了一批在潮州乃至全国具有较大影响力的革命英杰，他们从潮州走出去，汇入了全国革命斗争的滚滚洪流中，而周恩来、朱德、贺龙、刘伯承和陈毅等老一辈无产阶级革命家也都在潮州留下了光辉的足迹。中共潮州地方组织带领潮州人民艰苦奋斗、不屈不挠、一往无前、勇夺胜利的红色精神，是一笔宝贵的红色文化遗产。潮州全域都属老苏区，其中，饶平县属原中央苏区县，潮安区、湘桥区属广东省老区苏区，红色文化资源丰富，是一座当之无愧的"英雄之城""红色之市"。

大革命时期，潮安和饶平的人民群众，在当地党组织的领导下，开展轰轰烈烈的革命斗争。1925年，在广东革命政府两次东征以及海陆丰农民运动的影响下，在东征军总政治部主任周恩来等的领导下，潮州的工农运动出现了新高潮。是年11月和翌年1月，中共潮安县支部（后扩展为特别支部）和中共饶平支部先后建立（不久成立县部委）。1926年2月，周恩来主持召开了东江各属行政大会，通过了各项提案决议，使工、农、商、学各界运动有了合法地位。从此，潮州革命运动在党的直接领导下蓬勃开展，地方党组织带领人民进行了艰苦复杂的斗争，活动范围广、革命道路曲折、坚持红旗不倒。

土地革命战争时期，1927年9月23日，周恩来、贺龙、叶挺等率"八一"南昌起义军进军潮州，潮安人民群众掀起轰轰烈烈的革命斗争，史称"潮州七日红"；10月7日，朱德率领南昌起义军余部按照茂芝会议的军事决策，"穿山西进，直奔湘南"，于1928年4月实现井冈山会师，在潮汕革命史上写下光辉的一页。起义军受挫撤出潮州后，党组织在极端险恶的形势下，以不屈不挠的精神率领工农革命军和赤卫队坚持战斗。

在中共东江特委的领导下，潮安县委和饶平县委成立并领导革命军队，开展武装斗争、实行红色割据。1930年底以后，在苏区中央局闽粤赣边特委的领导下，建立了潮澄澳（后为潮澄饶）、饶和埔诏县委，领导工农红军创建了浮凤根据地，成立了县、区苏维埃的革命政权。东江革命根据地不断拓展，与中央革命根据地和闽粤赣革命根据地连为一片。

全民族抗日战争时期，潮安和饶平党组织得到迅速的恢复和发展，在抗日民族统一战线的指导下，掀起了声势浩大的抗日救亡运动，在饶中地区建立隐蔽斗争的基点。潮澄饶党组织领导的抗日游击队，以江东余厝洲为据点，坚持长期的敌后斗争，在极度困难的情况下，发展革命队伍，积蓄革命力量，开展敌后斗争，赢得潮汕抗日斗争的胜利。

解放战争时期，开展了对国民党反动统治的武装斗争，于1949年初建立了凤凰山根据地，进一步开辟了广阔的平原游击区，展开了全面的进攻，摧毁了国民党在潮安、饶平的反动政权。10月，潮州解放并在潮安、饶平二县分别建立军事管制委员会。

红色文化资源在潮州大地闪烁着耀眼的光芒，红色记忆应当世代流传。党的二十大报告明确指出："传承红色基因，赓续红色血脉"，"用好红色资源，深入开展社会主义核心价值观宣传教育"。2023 年是贯彻落实党的二十大精神的开局之年。为深入学习贯彻习近平新时代中国特色社会主义思想，贯彻落实党中央和广东省委、潮州市委工作部署，以实际行动推动党的二十大精神在潮州落地见效，中共潮州市委宣传部、中共潮州市委党史研究室、潮州市文学艺术界联合会联合编撰比较系统且简洁明了、适合各文化层次学习的《红色潮州》丛书。

《红色潮州》丛书分为 4 卷：《红色潮州：革命先辈》《红色潮州：革命事迹》《红色潮州：革命遗址》《红色潮州：革命礼赞》。

《红色潮州：革命先辈》收录二十余位革命先辈事迹，对李春涛、许甦魂、谢汉一等早期革命工作者，洪灵菲、陈波儿等革命文艺工作者，黄名贤、王菊花等地下工作者的革命斗争工作进行了生动的讲述，展现出老一辈革命家、革命先烈及革命志士的崇高精神和优秀品质，描绘了一幅丰富多彩、跌宕起伏的潮州革命历史人物长卷，具有较强的感染力和深刻的教育意义。

《红色潮州：革命事迹》精选 11 个潮州历史上重大革命事迹，包括《潮州七日红》《茂芝军事决策会议》《潮安交通旅社：中央秘密交通线的重要交通站》等篇章，还原了潮州人民参与革命的重要史实，对于还原相关历史细节、厘清相关革命事迹在潮州乃至全国革命史的历史地位，以及完善潮州地区党史、中共党史都有一定意义。

《红色潮州：革命遗址》收录了党史地位较高、影响较大、较有代表性的 59 处革命遗址，并以大革命时期（1917—1927）、土地革命战争时期（1927—1937）、全面抗日战争时期（1937—1945）和解放战争时期（1945—1949）四个时期进行分类，简要介绍了每个革命遗址的史实、现状和保护利用级别，并结合图片进行展示。通过介绍潮州境内红色革命遗址，展现了新民主主义革命时期潮州的一系列革命斗争，反映了潮州人民不畏强暴、不折不挠的革命精神。

　　《红色潮州：革命礼赞》收录 46 篇歌颂潮州革命相关事迹、人物、旧址等的诗歌与散文作品。作者们从不同的角度切入，或抒情，或写景，或叙事，用自己熟悉的体裁、擅长的表现手法和生动的文学表达，歌颂了革命英雄对党、对人民无限忠诚，不惜抛头颅、洒热血的精神，以及为革命、为人民所作的巨大贡献。在文字的深情演绎中，流淌出一个个扣人心弦的红色故事，传承着绵绵不断的红色基因，直击人们的心田，是新时代潮州人抒写的红色革命礼赞。

　　凝心铸魂向复兴！在开启第二个百年新征程、全党开展学习贯彻习近平新时代中国特色社会主义思想主题教育之际，《红色潮州》丛书的出版，希望能让读者了解潮州革命斗争的光荣历史，为广大党员干部传承红色基因，发扬红色传统，学思想、强党性、重实践、建新功，奋力谱写现代化潮州新篇章提供文化支撑和精神动力。

编　者

2023 年 5 月

目　录

潮州七日红

　　1927 年 4 月 12 日，蒋介石在上海发动反革命政变。7 月 15 日，汪精卫在武汉公开背叛国民革命，标志着国共两党合作的全面破裂和大革命的失败。这个惨痛教训，使中国共产党认识到武装斗争和土地革命的极端重要性。为了挽救中国革命，根据中共中央的决定，周恩来、贺龙、叶挺、朱德、刘伯承等人，领导党所掌握和影响的国民革命军第二十军、第十一军二十四师，第四军二十五师和第三军军官教育团及南昌市公安局部分警察共两万余人，于 8 月 1 日在江西南昌举行武装起义，打响了革命武装反抗国民党反动派的第一枪。

　　起义军占领南昌后，根据党中央的预定计划，迅速撤离南昌，挥师南下，经赣南入闽西，直奔广东潮梅。其目的是准备同富有革命传统的粤东农民运动汇合，夺取出海口，经营和发展潮汕，建立革命根据地，争取共产国际的支援，积蓄力量，再度北伐，彻底推翻蒋、汪政权。9 月 23 日至 30 日，南昌起义军进驻潮州，在潮安建立了存在七天的红色政权，史称"潮州七日红"。潮安人民在中共潮安县委领导下，出钱出力，舍生忘死，策应支援南昌起义军，军民并肩作战，为革命作出了重要而又独特的贡献。杰出战略家、军事家粟裕大将对其亲历的"潮州七日红"的历史地位和重要贡献给予了"潮州七日红，青史垂千秋""南昌风雷震大地，潮州七日红南粤"的高度评价。

"潮州七日红"的历史过程是：1927 年 8 月 5 日，起义军撤离南昌，千里转战，一路南下。9 月 18 日，直入广东境内。刚接任的潮梅警备司令王俊，在大埔高陂吃了败仗，22 日不战自退，放弃潮州城。起义军于 9 月 23 日占领了潮州城，周恩来、贺龙、叶挺、彭湃、郭沫若等起义军领导同时到达。在潮安的共产党员、共青团员、工人、学生、妇女骨干和商会代表热烈欢迎起义军入城。入城后，起义军前敌委员会成立了首个县级红色政权，即潮安县革命委员会，委派第十一军二十四师政治部主任陈兴霖为县革命委员会委员长，政治保卫局警卫科科长李国珍为县公安局局长。当天傍晚，周恩来、彭湃分别接见潮安县委书记林务农，仔细询问了潮安的革命情况并作了重要指示。潮安县委根据起义军前敌委员会的指示，立即召开会议，部署建立区政权，恢复工、农、妇、学组织和发展工农武装等工作。当晚，潮安党组织发动沿潮汕铁路线的六千名工农群众，连续奋战十二个小时，修通了国民党撤退时毁坏的铁路。

9 月 24 日上午，县委在潮州西湖广场召开了数万名工农群众参加的大会，隆重欢迎起义军入城和庆祝潮安县革命委员会成立，周恩来等领导在大会上作了讲话。会后，周恩来带领前敌委员会和革命委员会领导随起义军乘火车前往汕头。起义军占领潮州城期间，潮安工农革命武装在驻潮第二十军教导团的协助下，不断组织暴动，攻击各地的地方反动武装。9 月 25 日，县委派许筹率农民自卫军和各地赤卫队攻打浮洋洪巷民团，攻占了洪巷。26 日，农民自卫军和各乡赤卫队围攻浮洋徐陇乡公所，拔除了铁路线上两大反动据点，为起义军往返于潮州、汕头之间扫除了障碍。同日，原潮安县总工会庵埠办事处主任林琪瑛，率工会骨干数十人，在乡村农会配合下，占领庵埠区警察署，缴获步枪 11 支和部分物资，并派陈定中担任警察署长。铁路沿线的各区乡农会也纷纷揭竿起义，用土枪、长矛袭击民团，围捕地主豪绅。在共产党员许怀仁的发动下，庵埠小长桥等乡村农会进行武装暴动配合起义军进占汕头市。鹳巢乡农会会员和赤卫队队员 80 多人，查封龙湖官办盐厂，缴获盐警枪支，把没收的大批食盐平价卖给农民。厦里美、乌洋、斗门、仙庭、陈陀曾等村的赤卫队也联合起来，围捕庄西陇、塘东、厦里美、胶柏卢等村的国民党地方反动骨干和民团头子。慑于群众的力量，国民党反动骨干蔡良登、大地主方养秋和乡绅刘洽喜等闻风而逃，赤卫队没收了他们的财产。潮州城工会组织成立了一支60多人的纠察队，配合起义军维持治安，搜捕反革命分子，镇压了黄健生等反动分子。

潮州城，是当时粤东政治、经济、文化的中心。滨临韩江，是潮汕铁路的枢纽，北通三河坝，南连汕头，东接闽南，与出海口和内陆的交通极为方便，是东江地区的主要物资集散地。因潮安县党组织健全，群众觉悟较高，又不至于直接遭受帝国主义和国民党军舰的攻击，因此起义军将后勤机关及供应基地设在了潮州城，由贺龙部队的第二十军第三师驻守，指挥部设于涵碧楼，师长周逸群兼任潮州警备司令，党代表徐特立（毛泽东和田汉的老师）兼政治部主任，周逸群的师部和教导团及第六团的1个营共700人驻守潮州，第六团的2个营400人前往汕头为中共前敌委员会和革命委员会担任警卫任务。

驻守潮州的起义军的主要任务是负责筹集物资，周逸群和徐特立带领政工人员在城内组织宣传和动员群众，中共潮安县委与新成立的县革命委员会则组织工、农、商、妇、学等组织，积极配合第三师筹措粮饷。潮安商会动员城内的粮行和粮店，将库存的粮食取出运往揭阳和三河坝前线，积极帮助购置一大批军用物资和多方筹集资金支持起义军，两次共为起义军筹集军饷约10万光洋。

在中共潮安县委和工会、学生会等组织的帮助下，起义军筹集物资大有成效，除了潮安商会捐款外，全县各群众团体也积极地帮助起义军筹粮筹款，各界人士踊跃捐钱捐物，没收地主土豪劣绅财产。通过努力，起义军仓库里面有本地和从潮汕各地筹集到的几十万元军饷、数千条步枪、上万套新冬装以及其他大批军用物资，这是一笔非常可观的战略物资和财富，都是为了起义军在潮汕经营根据地而准备的。这个仓库由师警卫队驻守保卫，警卫队的班长就是后来被称为"百战神将"的粟裕。

9月28日，贺龙和叶挺率领的起义军主力部队在丰顺与揭阳交界的汾水阻击国民党军队3个师，由于敌众我寡，起义军先胜后挫，激战数日后，伤亡近半，弹药将尽。为此，贺龙和叶挺决定于29日午夜撤出战斗，向普宁方向撤退，同时发电报命令周逸群"死守潮州"，并令第二十四师派1个营来协助守城。由于第三师进驻潮州后大部分时间都在附近的乡村协助潮安的工农武装消灭反动民团，实际上留在城里负责警卫工作的只有教导团1个总队，百十号人而已。他们除了站岗放哨，别的事情根本无暇顾及，而进攻潮州的是国民党2个师9000人的兵力，第二十四师前来支援的那个营又迟迟未到。第三师军官教导团和第六团第六连以及师部炮兵连的将士们，只好驻防在潮州城北面的竹竿山一线。29日，师参谋长苏文钦来到竹竿山了解部队的布阵情况及工事构筑进展情况。这时突然接到前方情报，说敌人离潮州只有十几里路的距离，苏文钦马上派出部分兵力去牵制敌人，让起义军防守部队立即进入备战。中共潮安县委书记林务农根据当时的严峻形势，紧急通知各区的农民自卫军、赤卫队火速赶往潮州城及城北的竹竿山增援起义军；命令县总工会发动意溪轮渡工人，把韩江上的所有船只沉到江中，防止国民党军队从东面渡江进攻起义军；召集工人纠察队配合起义军做好守城的准备工作。战斗打响后，城内人民群众和工农武装纷纷配合起义军投入守卫潮州城的战斗，县总工会发动城内的工人、潮州金山中学等学校的学生积极支援前线，送水、送饭，帮部队把西湖山下弹药库里的弹药搬上山，妇女们则煮饭、烧水和运送伤员到各医院。

潮安县各区增援起义军的农民自卫军和赤卫队，赶到浮洋和枫溪交界处时，遭到国民党军队的袭击。由于农军的力量单薄，武器老旧，且缺乏作战经验，只得边战边走，退回原驻地或回到各自的乡村去。农民自卫军和赤卫队虽然未能到达竹竿山阵地增援起义军，却有效地分散了敌人的兵力，为起义军突围赢得了时间，减轻了压力。

面对如此严峻的形势，周逸群心急如焚，总指挥部派遣的援兵还没到达，大兵压境，形势危急，只能调动现有的力量来守城。周逸群一面命令部队和工人纠察队坚守市中心和火车站，一面向汕头紧急求援。可汕头守城的部队也只有第六团的 400 多人，最大限度也只能抽一个连来援助潮州。

9 月 30 日早晨，主力部队在汾水打了败仗，撤往普宁。黄绍竑率领的广西军第四师和第六师共 9 000 人三面围攻潮州城，黄绍竑作战经验极其丰富，是个打仗的老手，被称为"桂系三杰"之一（其余"二杰"为白崇禧、李宗仁），桂系部队凶悍是十分有名的。广西地域贫瘠，百姓生活贫困，且山林众多，以致匪贼丛生，械斗不断，桂军中的那些广西人大都出身贫苦，他们的军队就是靠打仗后掠夺和行赏来刺激军心士气。在广西军队到达潮州城以前，黄绍竑为鼓舞士气，向将士们渲染潮州城内囤集着大量的财物，发财的机会到了，因此，敌兵进攻起来更是特别地卖力。

是时，周逸群正在和潮安商会及商界代表商谈，突然听到城门外的枪响，知道情况不妙，急忙返回师部，才知道敌人已经在城外三面围了上来。30 日上午 9 时，国民党第四师的前锋部队 2 000 余人已经到达竹竿山阵地，与起义军接上火。起义军将士们守卫在各自的阵地上，英勇阻击数倍的敌军，拼死抵抗。炮兵连仅有的两门山炮此时充分发挥了威力，向敌军的密集队形展开了轰击，使来犯之敌伤亡惨重，多次进攻均被起义军击退。午后 1 时多，国民党军队全数到达后，以第四师的全部和第六师的一部，向竹竿山阵地发起全面进攻。敌军一再组织敢死队冲锋，在猛烈炮火的掩护下，整队整队地向山头发起冲锋。起义军的阵地被多次突破和分割，工事被重炮轰垮了，战士们便躲在山石后面继续抵抗，轻伤的包扎一下再打，没有子弹了，便从烈士的身上翻拣子弹，有的则用石头与敌人搏斗，战斗打得非常激烈和顽强。由于第一总队的士兵大多是刚参军不久的进步青年学生和逃避国民党右派屠杀的工农运动积极分子，缺乏战斗经验，且敌我兵力悬殊，虽然他们革命意志坚定，不怕牺牲，英勇抗敌，但难以抵挡凶悍的桂军。战斗进行到下午三四时，竹竿山阵地上有的地方已经被敌人突破，起义军部队伤亡达三分之二，弹药消耗殆尽，面对数倍于己的敌人的疯狂进攻，教导团第一总队总队长冷相佑身先士卒，率部抱定与竹竿山共存亡的决心，他腹背中弹，多处重伤，仍坚持指挥战斗，直至弹尽援绝，阵地被攻破壮烈牺牲。

竹竿山阵地上留下的是一幅幅壮士视死如归、英勇搏斗、催人泪下的景象：他们个个遍体枪伤、刀伤，而僵硬的手里还抓着刺刀，拿着石头；一个脑袋被打破，流出了脑浆的战士躺在一个死去的敌人身边，双手还紧紧掐住敌人的脖子；一个胸口被刺刀捅了好几个窟窿的战士，嘴巴里还咬着敌人的半块耳朵，枪已经断成两截，丢在一边，而一个被打破了脑袋的敌人就躺在他身边……他们为城内守军顺利转移赢得了时间，用鲜血和生命谱写了一曲悲壮的诗篇，他们的英雄壮举令韩水悲歌，青山垂泪。

第六连连长杨至成发现左前方的山头阵地已遭敌人包围切割，枪声也慢慢地稀疏了。杨至成想，那边的部队不是全部牺牲就是已经转移了。突然，一阵枪声在杨至成背后响了起来，原来敌人除了在正面猛烈进攻外，又以一个团的兵力绕到了城西的火车站，并突破了起义军在西湖山的阵地，切断我军与汕头的联系并从背后发动攻击。杨至成在敌我悬殊、腹背受敌的情况下，带领剩下的十几位战士撤离了阵地。

直到下午，潮州的情况越来越紧急，周逸群打电报给驻守在汕头的第六团团长傅维钰，要求他放弃汕头，不要死守，赶快增援潮州。

下午三时，国民党第六师的一个团分两翼进攻城西的西湖山阵地，师参谋长苏文钦急令师部特务连前去阻击敌人，特务连没有机枪，根本没办法压下敌人的火力。敌兵很快就绕过特务连的防守阵地，直扑西湖边涵碧楼的第三师师部和警备司令部。无数的敌军从山上朝他们冲过来，居高临下用机枪向师部工作人员扫射，许多人中弹倒地，师政治部科长叶声等同志也在桥上中弹牺牲，伤亡惨重，西湖水一时被染成了红色。

敌军攻入城后，四处展开攻击，分割了城内主要街道。周逸群在城中指挥着教导团的3个总队，利用街巷盘桓的地形顽强地抵抗入侵之敌。后因起义军的师部和教导团以及各总队失去了联系，官兵们只好小股地聚到一起，依托着复杂的街巷和房屋与敌军作战。虽然士兵们没有受过正规的军事训练，作战经验少，战斗力不强，但他们政治上很是坚定，尽管伤亡很大，仍然艰难地和敌军展开拉锯战。

潮州城内的巷战持续了四个多小时，周逸群得到各方面传来的消息，各总队的军事主官几乎阵亡，随之，又传来了火车站失守的消息。而恰在这个时候，从汕头来的一列火车载送着第六团的 1 个连到达潮州城外，战士们刚要下车就遭到了大队敌军的围攻，在与敌军激战中，多数人牺牲或者失散了，剩下的少数官兵不得不突围，沿着铁路线向南撤退。

此时，起义军多数人已经打光了子弹，而涌进城来的桂军却是越来越多；反动民团也火上浇油，趁机从城外冲了进来；城内的反动分子也从高楼上对起义军开枪，敌人的火力越来越厉害。为保存南昌起义的革命火种，万般无奈之下，周逸群只好派手下几名卫兵，迅速通知城内的其他部队想办法突围。自己则带领一群特务连卫兵与第二总队的部分战士共几十人，打开一个缺口，从东门突围，撤出潮州城，沿江边向汕头方向撤退。

他们到达较安全的地方后清点了武器装备，总共只有 22 条长枪、14 支驳壳枪，大部分枪没有子弹。他们走到离汕头不远的地方，才得知国民党已经占领了汕头，也联系不上中共前敌委员会和革命委员会。他们在潮汕的农村转悠了几天，连续被当地的国民党民团袭扰，由于他们大多是在湖南、湖北参加革命的，没有人能听懂潮汕话，无法与当地人沟通，与当地党组织又联系不上，最后决定去上海找党组织。

第三师党代表徐特立带着警卫员，于 9 月 29 日上午，离开潮州去汕头向中共前委汇报物资筹集情况及确定物资发放方案。30 日返回途中，得知潮州被敌人攻占，于是又折回汕头，途中又得知起义军领导机关及所有官兵已撤出汕头。10 月 2 日，徐特立率领沿途收拢到的从潮州突围和揭阳退出的起义军部分失散人员来到普宁流沙，与从汾水撤出的贺龙、叶挺部队会合。

与此同时，教导团的第一总队、特务连及幸存的师部政工人员在第一总队第一大队长傅杰的带领下，从南门撤退后，转到普宁县流沙与董朗率领的起义军第二十四师会合。

参谋长周邦采接到了周逸群立即突围的命令后，率领身边的部分战士，边打边往韩江方向跑。此时，东门外挤满了急于渡江的起义军将士，可是江边码头上却连一条渡船都没有，就在大家万分焦急的时候，县总工会的领导带领一帮船工跑到江边，他们纷纷潜入水中，将原来沉没在韩江里的渡船重新拉出水面，冒着大雨在朦胧昏暗的夜色中，将起义军接上船。追到江边的桂军边开枪边喊话命令停船，子弹嗖嗖地从他们头上飞过，快到对岸时，有的船被子弹打穿后沉没入江，大家就纷纷往江里跳，蹚着没过胸部的江水奔向对岸。由于天色已晚，且江边没有渡船，又赶上大雨滂沱，桂军一时没办法过江追赶。因此，这支多单元组合的部队总算缓了一口气，他们在一个山坳里集合，经清点，包括第三总队和第六连及师部警卫队的官兵，有200多人。稍事休息后，大家便在周邦采的带领下，乘着夜色沿韩江东岸南行向澄海方向前进。沿路陆续有失散战士汇入。

周邦采带领的这支队伍撤出潮州城后，大家首先想到的是赶到汕头去，与中共前委和革命委员会汇合。可是还没到汕头，就发现敌人已经占领了汕头。

汕头不能进了，潮州又回不去，起义军总指挥部也不知道转移到哪里去了。正在大家迷茫之际，周邦采突然想到了三河坝，那里有朱德和周士第带领的和第二十五师呢！他高兴地对大家说："同志们，到三河坝去吧，找我们的二十五师去！"这提议立即得到大伙的拥护。于是，这支已汇集四五百人的队伍，拖着疲惫不堪的身子，仓促地弄了点饭吃，趁着拂晓前的微明，返过头来沿着韩江东岸向北前进。

他们历经几日的风餐露宿、艰难困苦，10月6日早晨，终于在饶平县上饶镇茂芝圩与朱德率领的与敌人激战了3昼夜，完成了阻击敌人的任务后，撤到这里来的第二十五师和第九军教育团在三河坝会合。得知主力在潮汕失败后，战士们思想情绪都很低落，朱德通过加强思想工作，鼓舞了人心，提高了战士的情绪，增强了革命信心和决心。随后，周邦采、陈兴霖等参加了由朱德主持的茂芝军事决策会议，决定将起义军两部合一，汇成一支约2 500人的队伍，队伍在饶平党组织和革命武装的支持和帮助下，于10月7日安全撤出饶平，隐蔽北上闽西，经赣南转战湘南，最终到达井冈山，与毛泽东领导的秋收起义工农革命军会师。

起义军撤离潮州后，潮州城又陷于国民党统治的白色恐怖之中。中共潮安县委被迫重返江东仙洲，部分工农骨干也相继离开潮州城，途中，他们冒着生命危险收容了一些起义军失散人员和伤员，安置在各村农会骨干家中进行掩护和治疗。

第三师军官教导团团长谢独开在巷战中左脚负重伤，与部队失去了联系，潮安民众将其隐蔽并为其治疗，康复后，帮他与党组织接上联系。第三师教导团党代表段德昌在城内与敌军展开激战，在巷战中与部队失去了联系，后经潮安民众隐蔽并协助转移找到了党组织。第三师军官教导团第二总队第八大队大队长赵辎，10月30日在巷战中负伤，被潮安民众掩护治疗，后转移至上海。胡毓秀、王鸣皋、谭勤先等5名起义军女战士和其他二三十位负伤的起义军官兵也是在潮安人民的掩护下脱险的。妇女运动骨干庄玩月，冒着被杀头的危险，将疏散到庵埠乔林村的2名起义军女战士带回家中掩蔽起来，避过国民党军队的搜捕，并将她们安全转移。

潮安人民对起义军的一片真情和不怕牺牲的革命精神，掩护和保存了一批南昌起义的革命火种，为中国革命事业作出了卓越的贡献。10月底，中共潮安县委根据广东省委指示，把县农民自卫军扩编为工农革命军东路第二独立团，主要官兵包括留在潮安的南昌起义军失散人员和伤病员以及潮安的武装骨干，起义军留下来的武装干部李英平任参谋长，继续开展对抗国民党统治的武装斗争。潮安县的党团组织和革命武装在南昌起义光辉旗帜的照耀和"潮州七日红"精神的鼓舞下，开展了轰轰烈烈的土地革命战争，取得了辉煌的成果，使潮安成为中央苏区强有力的南方屏障、安全走廊和后方基地。

在国民党新军阀的联手镇压下，英勇顽强的南昌起义军虽然在潮汕失败了，但"潮州七日红"这段光辉的历史，在潮安人民心中留下了深远的影响。起义军与潮安人民碧血洒韩江，保存了南昌起义的革命火种，使星星之火撒遍神州大地，一批革命精英汇入朱德、毛泽东主导的井冈山革命洪流，开启了中国革命胜利的航程。如茂芝会议后，周邦采被派回家乡河南，组织领导武装斗争，开辟豫皖边革命根据地。周逸群与贺龙领导创建以洪湖为中心的湘鄂西苏区，成为杰出的无产阶级革命家。段德昌则与周逸群、贺龙一道，成为湘鄂西革命根据地的主要创建者，后曾介绍国民革命军湖南独立第五师第一团团长彭德怀加入中国共产党，中央军委将段德昌列为我军历史上的 36 位军事家之一。2009 年，周逸群、段德昌均被评为"100 位为新中国成立作出突出贡献的英雄模范人物"。

茂芝军事决策会议

1927 年 8 月中国共产党领导下的国民革命军第二方面军在南昌发动起义，打响了武装反抗国民党反动派第一枪。9 月 20 日，起义军在三河坝分兵主力部队向潮汕进发，朱德带领部分起义军在三河坝阻击追敌，随后转移到饶平北部。1927 年 10 月 7 日，在得知潮汕主力失败的情况下，朱德在茂芝全德学校主持召开军事决策会议（简称"茂芝会议"），为起义军指明了军队从失败走向胜利的前进道路。

南昌起义军茂芝会议是我党领导的军队的一次军事战略会议，它使党领导的起义军在关键时刻继续高举"八一"旗帜，并提出"穿山西进，直奔湘南"重要战略决策。正是这次会议，使起义军得到生存、发展、壮大，推动广大农村地区开展武装斗争，并最终在井冈山和毛泽东领导的秋收起义部队胜利会师。

1927 年 8 月 1 日南昌起义，打响了工农武装反对国民党反动派第一枪，3 日，起义部队撤离南昌，南下广东，准备以东江为革命基地，夺取广州，再次举行北伐。起义军进到广东后分成两路：主力进至潮汕地区，另一部分为第十一军第二十五师和第九军教育团约 3 000 多人驻守大埔三河坝，由时任第九军军长的朱德指挥。

驻守三河坝主动撤退的起义部队，于10月4日清晨，在朱德等率领下从三河坝突围，经大埔的湖寮、百侯经岗头进入饶平县境，当时撤退部队尚不知起义军主力已在潮汕失败。当晚，起义部队驻宿在茂芝。由于部队在三河坝激战之中撤出，行动紧张又短促，许多指战员的思想情绪都比较低落。一方面军队内部各级干部加强思想工作，另一方面部队到饶平后配合农军打下了县城，鼓舞了人心，干部战士情绪稍有提高和转好。经过一昼夜的艰苦转战，指战员们放心休息了，但是军部领导人却一直没法安睡。他们全都坐在全德学校课室里，一边看着地图，一边议论分析形势，都在担心和关注着起义军主力部队在潮汕的情况，心上总是悬着一块石头。

虽然已经是凌晨了，军部领导朱德等人还没有休息，他们仍在继续焦虑地等待和紧张收集各方面的情况和情报，希望第一时间了解到更多有关潮汕主力的现状。直到当天下半夜，他们遇到驻扎潮安的起义军第二十军第三师教导团参谋长周邦采，才知道起义军主力早前已在潮汕地区失利。

经军部参谋引带，周邦采见到了朱德同志。10月5日，又来了几批从潮汕撤退过来的指战员，其中有毛泽覃、杨至成、粟裕等同志，他们也到了茂芝。他们告诉朱德等人，起义军主力已在揭阳、汤坑一线失败，潮汕已失守，部队已被打散，许多起义军的领导人离开部队转入地下斗争。当听到这犹如晴天霹雳的消息，领导人都蒙了。大家对于起义军何去何从没有方向，都陷入了迷惘之中。

第二天，即10月6日，各方撤退的部队都已到达茂芝。经参谋人员统计，到达茂芝的起义军各方人员总计2 500多人，其中，从潮汕方面突围的起义军指战员约有200多人；从三河坝战后撤出的第九军军部直属队和教育团有300多人，第十一军二十五师三个团包括伤病员，共约有2 000人。

当时，撤退、集合在饶平茂芝的这支起义部队的处境是极端险恶的：一是饶平县周边都是敌人，光是麇集于潮汕和三河坝地区的国民党军队就有5个多师，共约3万多人；二是起义部队刚遭失败，各方部队都已知道起义军主力已在潮汕失败，一时军心浮动；三是这支部队群龙无首，且与党中央和前敌委员会失去联系，周围又有国民党军的堵截，部队随时都有被围歼或自行打散的危险。

形势紧迫，从稳定部队情绪出发，6日清晨，朱德迅速召集周士第、李硕勋、周邦采、陈毅等领导干部商议，对周围形势做了客观的分析，认为当务之急是要依靠部队的党组织，发挥核心领导作用，纠正悲观消极情绪。会议要求各位领导到所在部队，做好思想政治工作，克服悲观情绪。会后，全军上下马上出现了正气上升局面。

部队情绪得到初步稳定后，10月7日上午，朱德在茂芝全德学校主持召开了起义军团以上干部军事会议，研究决定部队的战略行动问题。这次军事会议，史称"茂芝会议"。

全德学校，是饶平县一间历史久远的小学，原名龙岗书室，始建于清光绪年间，民国初改名为茂芝学校。

参加会议人员为团以上干部。到会人员有周士第（二十五师师长）、李硕勋（二十五师党代表兼政治部主任）、黄浩声（七十三团团长）、陈毅（七十三团党代表）、孙一中（七十四团团长）、杨心畬（七十四团党代表）、孙树成（七十四团团长）、王尔琢（七十四团参谋长）、周邦采（第二十军第三师教导团参谋长），还有二十五师经理处长符克振（师党委委员）、军需主任周廷恩、副官长刘得先等20多位军事干部。

茂芝会议是中共历史上一次重要军事战略会议，意义十分重大，在中共军事史上具有不可忽视的地位。

一、深刻剖析当时形势，统一思想，坚定革命斗争意志

会议开始，先由各负责干部检查统计报告各部人员。然后，朱德即请周邦采向与会同志通报了起义军主力在潮汕失利的情况。朱德对潮汕的失败感到异常悲愤，刚通报完他就奋然站起来振臂高呼："我是共产党员，潮汕和三河坝战斗虽然失利了，但我有责任把'八一'起义军的革命种子保留下来，我也有责任把大家统率起来，一道把革命一直干到底！"接着，会

议便围绕朱德同志提出的要不要继续举起革命旗帜和保存南昌起义革命种子问题，展开了激烈的争论。其间，朱德继续发言，他不同意有人提出的"解散队伍，各奔前程"的主张。他指出，当前主力部队虽然在潮汕失败了，我们在三河坝也吃了败仗，但是中国共产党还存在，革命武装斗争仍在继续，只要大家坚持下去，我们这支队伍仍有希望，现在尚存一个师两千多人，是南昌起义军目前保留完整建制的队伍。更重要的是大多数官兵痛恨国民党军阀，愿意跟共产党一起革命。因此，我们一定要把南昌起义革命种子保留下来，把革命进行到底。陈毅随即表示支持朱德的主张，他说："坚决拥护朱德的领导，并愿尽自己一切力量，协助朱德同志保存南昌起义这批革命种子，把革命进行到底。"许多同志也表示服从朱德指挥，继续举起"八一"南昌起义的革命旗帜，进行武装斗争。

当时的起义军，使用的是"国民革命军"的旗帜，而且起义部队身着国民革命军的服装，部队的称谓及番号仍然沿用国民革命军名称及序列。从内部来说，部队刚从各方面会合起来，在突然遭到失败的打击之下，不论在组织上和思想上都相当混乱。会议克服当时军队部分人员前途未卜的悲观情绪，统一了思想，稳定了军心，在关键时刻坚定了革命信念。

部队的思想政治工作，是提高部队战斗力的保证。在茂芝会议上，朱德的一番慷慨陈词，极大地鼓动了一些革命理想信念模糊甚至动摇的同志，提高了他们的思想意识。朱德在关键时刻发挥了党员的先锋模范作用，进一步加强了基层党组织工作。

陈毅后来回忆指出，"朱总司令在最黑暗的日子里，在群众情绪低到零度、灰心丧气的时候，指出了光明的前途，增强群众的革命信念，这是总司令的伟大。"

二、 高瞻远瞩， 提出"穿山西进， 直奔湘南"重要军事决策

在南昌起义部队遭受严重挫折之后，我党军队的领导干部敢于正视存

在问题，在冷静和认真的思考后，综合估量敌我力量，决定暂时避开敌人锋芒，保存力量。朱德认为，起义军主力虽然失败了，但"八一"起义这面旗帜绝对不能丢，武装斗争的道路一定要走下去。现在的情况是反革命军阀部队已经云集在我们周围，随时都可能向我们扑来，我们必须尽快地离开这里，甩开敌人重兵，摆脱险恶的处境，否则我们将有全军覆灭的危险。在当时条件下，能脱离险境和保存力量就是胜利。

会议决定，把部队开到群众基础比较好的湘南。历史证明，中国共产党领导的革命武装力量能够从无到有、从弱到强，主要领导人军事决策起决定性作用。朱德这一主张，在强敌和险恶环境中，从保存和壮大自身力量出发，根据敌我综合情况，积极团结和借助一切力量，把革命队伍带出险境；统筹全局，洞悉大势，果断决策穿山西进，直奔湘南，不仅巧妙躲过了敌人的追击，而且使部队得到了补充和休整，对后来开展进一步的武装斗争提供了基础和保障；同时为年轻的、没有经验的党和人民军队积累了军事斗争的经验，特别是运动战的经验，这是很宝贵的。

三、 实现 "朱毛井冈山会师"，壮大了革命队伍

中国工农红军井冈山会师部队基本由两部分组成：一是由毛泽东领导的湘赣边秋收起义队伍；暴动受挫后毛泽东审时度势，果断决策，引兵井冈山，点燃了井冈山"工农武装割据"的烽火，成为创建井冈山革命根据地的主要领导人。二是南昌起义部队打到广东后，主力在潮汕失败了。失败后保留下来的一部分力量和从三河坝撤离的部队，由朱德、陈毅等同志率领南昌起义余部游击闽粤赣边境，几经艰苦转战，后来到了井冈山，成为红军最初的来源之一。

茂芝会议的军事战略决策对促成"朱毛会师"具有重要影响。一是茂芝会议之后朱德把革命队伍带到反动势力相对薄弱的边远农村地区，避免新生革命队伍受到激烈打击，革命火种得到保存，同时锻炼了革命队伍。二是因为中国共产党以解放劳动人民作为基本目标，往井冈山方向的战略

转移，途中传播革命信念，有利于动员和组织广大人民，获得人民的支持和帮助，源源不断地为革命军队提供兵员。在中国革命的低潮中，"朱毛"会师高举坚持斗争、雄踞井冈山的大旗，给全国民众树立了对革命的信仰，为中国革命的复兴带来了希望。

四、 与农民运动相结合， 促进农村根据地建立

虽然八月一日南昌起义迅速解决了南昌的反革命分子，取得起义成功，但是成功之后队伍往哪个方向走，如何走，没有道路可循。当时党内的指导思想还是城市中心论，认为武装起义就是要占领城市。所以才南下广东，争取占领广州。

当时的贺龙军长回忆起这段往事，认为学到的经验教训非常深刻："现在回想起来，'八一'南昌起义仅是我们党认识武装斗争的开始。对于毛主席的武装斗争思想，例如在中国的武装斗争实质上是农民战争，革命军队应与工农群众运动相结合，发展工农武装，创立农村的革命根据地，以积蓄壮大自己的力量，去达到消灭敌人的目的，对于上述中国革命武装斗争中的基本问题，我们当时还是不了解或了解得十分肤浅的。南昌起义之后，军队往哪里去的问题，没有得到正确的解决。当时两湖、江西，特别是湖南的农民运动是很高涨的，起义的军队应当与湘赣的农民运动相结合，创造革命根据地，坚持长期的游击战争，从中来壮大自己，消灭敌人。而我们当时对于创造革命根据地与进行长期游击战争的思想与认识十分微弱，所以南昌起义的军队没有与湘、赣的农民运动相结合，而南下向广东进发。同时又缺乏适合当时当地情况的具体行动方针，在长途的进军中，部队本身没有很好地建立政治工作，加上在客观上敌人的力量强大，而主观上的指导又缺乏经验，因而南昌起义的部队大部分遭受损失，仅留了一部分力量与毛主席所领导的秋收起义的工农武装在井冈山会师，才正式成立了中国工农红军。"

茂芝会议战略转移，使起义军避开与国民党反动派武装力量正面较量，

减少伤亡，同时有利于中国革命思想向国民党统治力量薄弱的山区传播，影响带动团结更多贫苦农民，壮大革命力量，最终取得革命胜利。

五、 传播革命火种， 为潮汕地区和周边开展武装斗争提供有利条件

茂芝会议结束后，部队迅速向福建平和转移。临行时送给饶平农军12支步枪，1匹白马和100块光洋，作为留下20名伤病员的医药费，朱德在分别时再三勉励饶平县委的同志要艰苦奋斗，不怕困难，革命到底。部队还留下郭秩辉、汤家声、盘连声、益强等军事骨干，加强饶平农军建设。起义军促进饶平县工农武装力量成长，加快当地和周边地区开展武装斗争脚步。

10月下旬，中共饶平县委在上饶祠西东屋坷庵召开会议，传达省委指示精神，分析形势和总结南昌起义军在潮汕失败后的革命斗争经验，认识到要取得革命的胜利，必须有一支自己的武装队伍。会议决定以上饶农民自卫军大队为基础，调整和充实一批武装骨干，组建广东工农革命军东路独立第十四团（简称"饶平十四团"）。饶平的武装力量得到迅速发展，同时在党的领导下配合开展各种武装暴动。

作为东江革命根据地组成部分的饶平工农运动，同样对闽粤边境的毗邻县份，起到很大的影响和促进作用。

1928年3月8日，中共饶平县委派出"洋枪队"参加平和暴动，打败了共同的敌人，揭开了福建省农民武装割据的序幕，开创了闽粤边武装斗争军事联盟，为后来建立饶和埔诏红色根据地打下了重要的基础。

总的来说，南昌起义军在当时极端恶劣的条件下，召开了茂芝会议，保存下来的部队是中共革命武装最重要的骨干力量；朱德、陈毅率领的部队和毛泽东领导的秋收起义部队在井冈山会合后合编成中国工农红军第四军，并在后来的斗争中不断壮大，渐次发展成红一军团、红一方面军，并成长为中国军队的中坚力量；茂芝会议对当时起义军的命运和革命事业在潮汕地区及周边的影响是不可忽视的，它在中共军事会议上意义深远。

登塘世田

东江革命根据地红十一军开辟的第二军区

广东是土地革命战争时期全国革命的中心，东江地区又是广东农民运动的发源地。继彭湃领导的海陆丰农民运动创建全国第一个县级苏维埃政权之后，古大存于1928年8月在五华、兴宁、梅县、大埔和丰顺发动五县工农武装的畲坑暴动。胜利之后，为了打开局面，古大存主持召开兴宁、梅县、五华、丰顺、大埔、揭阳、潮安七县联席会议，潮安县委派张义廉参加。会议成立以古大存为书记的七县联席会议，建立相互策应关系，使潮安革命斗争成为八乡山根据地游击战争的一部分。此后，东江红军陆续进入归仁区和登荣区（潮安东北部的赤凤一带）开展斗争，对潮安革命斗争的复兴、发展起着促进作用。

从1929年至1931年，古大存和他的革命战友在东江19个县陆续通过武装斗争建立了苏维埃政府。在白色恐怖笼罩下，他们坚定信念，抛头颅、洒热血，前仆后继，先后建立了九龙嶂、八乡山、大南山等根据地，成立东江苏维埃政府。东江革命根据地与赣南闽西的中央苏区遥相呼应，八乡山被誉为"粤东井冈山"。在敌人围剿频仍的严酷环境中，古大存领导的革命队伍进行了艰苦卓绝的斗争，保持着东江革命根据地红旗不倒，直至队伍移交给中共闽西南特委领导。

在中共东江特委领导下，红十一军开展创建以八乡山为中心的东江革命根据地，在潮安北部乡村开展艰苦卓绝的土地革命斗争，与以井冈山为中心的中央苏区的革命斗争互为犄角，使东江革命根据地成为闽粤赣边根据地的保护屏障。

一、 红十一军进入潮揭丰边活动， 加速潮安边区根据地的建立

1928 年以后，潮安革命斗争与潮汕各地一样进入低潮，党组织被迫转入地下秘密活动。同年秋末，广东省委书记李源到东江巡视工作，在潮安、揭阳交界的桑浦山召开潮梅部分地区党组织的负责人会议，潮安县委书记林中和委员方方等人参加会议。会议传达中共"六大"精神：当前的政治形势是处在两个革命高潮之间，党的中心任务是做群众工作，积蓄力量。制定了反帝反封建，实行土地革命、建立工农民主政权的纲领，提出了扩大农村革命根据地，发展红军的任务。李源结合当时东江革命处于低潮的形势，指出第一次革命高潮已过去，第二次革命高潮尚未到来，我们的斗争方式必须改变为发动群众、积极领导群众日常斗争、壮大群众力量，伺机行动。这次会议，为后来潮梅革命斗争复兴指明了正确方向。会后，潮安县委根据"六大"精神，开展了发动群众重建武装、创建根据地的艰苦斗争。时逢古大存带领东江红军主力进入潮安归仁区的大小葫芦、世田、田东圩、枫树员一带。据古大存回忆："四五月间，一来为散开据点，把革命局面打开，二来为解决经济困难，我和李斌（由省委派到东江特委工作，后任红军四十七团团长）等几个同志到潮安登塘、枫树员一带活动，在枫树员遇到白水区负责人张义廉，他带我到白水区群众接近，我们与当地同志一起发动这里的群众。"古大存及东江红军在这里活动，为潮安革命复兴提供了有利条件。

二、 东江红军进入潮安活动， 推动潮安游击斗争的发展

1929 年 10 月，东江特委提出，发动更广大剧烈的游击战争，会合红四军实行东江割据，完成东江暴动，建立苏维埃政权，并作出"第一步实现割据兴梅七县，进而夺取潮汕"的计划。特委先后将县工农革命军改编为工农红军，在梅县、大埔、丰顺成立了红军第四十六团，在潮阳、普宁、惠来三县交界的大南山成立第四十七团，在饶平、大埔成立第四十八团，在海陆惠紫的朝面山成立第四十九团，及后在兴宁成立五十二团。为了加强领导和统一各路红军，东江特委于 1929 年夏秋间成立了东江工农红军总指挥部，古大存为总指挥。

同年 11 月 7 日，中共东江特委作出部署：以秋收斗争为中心，红四十六团向溜隍及潮安的田东一带，红四十七团向潮揭的北山一带，红四十八团向高陂一带发动游击战争。"10 月，为配合红四军进军东江，阻击潮汕援敌，古大存带领红四十六团、红四十七团一直活跃在潮揭丰边，驻扎于潮安归仁世田、大小葫芦一带发动群众，开展革命斗争，革命声势如火如荼。"

1930 年 1 月 9 日，广东省委发出关于"目前一切工作的发展方向，应向着潮汕，以完成东江苏维埃前途"的指示。3 月，东江特委确定把东江划分为西南、西北两条战线，西北以梅县为起点，西南以潮汕为起点，把潮梅划分为五个游击区，揭阳东北、潮安西北、丰顺东南划为第二游击区。4 月，东江特委认为潮揭丰边游击区起着动摇敌人的潮汕政治中心作用，强调在这一区域开展游击战争的重要性并指示由潮安、揭阳及丰顺二、六区现有武装组成一连红军，负责这里的游击任务。接着，东江特委又在潮安世田建立第二军区，在大小葫芦建立红军后勤处。广东省委和东江特委一系列的指示和战略部署进一步提高潮安在东江游击战争中的重要位置，推动归仁区游击斗争猛烈开展。这期间，红军四十六、四十七团在这里频频

出击。5 月，在归仁赤卫队的配合下，先后攻打揭阳埔田湖下民团，袭击揭阳新圩下坝、东寮两村，俘团丁 2 名，拘捕地主豪绅 9 名，缴获一批物资。6 月 1 日，再攻打田东民团，击毙顽抗的团丁。7 日，攻打揭阳新亨，占领新亨，缴获敌人物资一批。8 日，潮安国民党警卫队纠合郑国武民团进犯居西溜，红军四十七团得到世田赤卫队的报告后，即奔赴居西溜袭敌，敌我双方在居西溜附近的观音坐莲和飞鹅岭山地遭遇，激战一天，此役红军牺牲 30 多人，敌军伤亡更重。7 月，红军及赤卫队准备攻打登塘圩，因当晚下雨，未能如愿。

白茫洲的张永立、张永裕等老赤卫队员回忆：1930 年正月十五，敌人来骚扰县革命委员会的住址管氏祖祠，革命人员只得撤到居西溜。当时，县赤卫队由大队长陈云通带领，在居西溜一带的山区坚持武装斗争。阴历五月初，由于居住在居西溜的反动分子张文广向反动派告密，报告我赤卫队的活动情况，故国民党县府派李映高带着一百多名匪军于五月初五清早进击居西溜围剿。当时，赤卫队住在居西溜的山上，发现敌人前来进犯，由于敌强我弱，便迅速撤退观音坐莲山顶，敌人到处搜索不见赤卫队员，即准备撤离居西溜。但在这时，有一名赤卫队员扣响了汉阳造的单响长枪。随着这一声枪响，一个匪兵被击中倒下，赤卫队也暴露了。敌人立即组织反扑。因此，双方便展开了一场激烈的战斗。

战斗打响后，敌人立即派人到枫树员村，打电话向潮安县国民政府告急求援，反动当局立即调动大批队伍，向居西溜猛扑过来，企图彻底消灭赤卫队。时恰值古大存带着四十六团等红军部队攻打驻扎在揭阳新亨的国民党军的团部后，于五月初四夜来刺竹堂休整，故赤卫队也立即派人向古大存送信，请古大存带队支援。古大存接到消息后，立刻带着队伍出发参加战斗。这一仗，一直持续了三夜三日，给了敌人重大打击。但因敌人不断派兵增援，最后增至一千多人，而我方虽然占领着一个较高的山头，但缺乏隐蔽设置，牺牲了很多战士。双方伤亡严重，鲜血把坑水都染红了。在敌我力量悬殊的情况下，古大存所带的部队和赤卫队，只得决定撤出战斗。他们在山头上烧起火堆，在石头上披上红毛毯，以此引诱敌人，悄悄转移了。敌人冲上去扑了一个空，又冲进居西溜，也找不到人，便立即点燃火把，全村的房屋被化为灰烬，扫为平地，居西溜全村二十多户人家、一百多口人最后都只得流落他乡。

三、 红十一军第二军区世田村的红色印记

世田村位于登塘镇西北端，四面群山环绕，地理位置特殊，是古大存带领红四十七团开创的潮揭丰边根据地斗争活动的重点村庄。

1925年2月，广东革命政府举行第一次东征，讨伐陈炯明。杨石魂受党组织委派，回潮汕开展青年和工农运动，建立党团组织。蓝朝槐（后改名蓝永生）在揭阳龙尾教书时就加入革命组织，是世田村最早参加革命的。1928年，古大存开展以八乡山为中心的东江革命根据地斗争。蓝朝槐多次到八乡山参加革命活动。

1925年，在国民革命军东征的推动下，大革命形成高潮。黄潭、闪桥和白茫洲等潮安北部乡山村农民运动蓬勃兴起，建立农会并组建赤卫队。世田村革命群众积极投入到农民革命运动的武装斗争中。

1928年三四月，中共东江特委派出古大存、李斌来到潮安北部的归仁区（现古巷、登塘、田东一带）与潮安县委委员、归仁区党组织负责人张义廉联系，商议建立据点。1928年8月以古大存为首的"五县暴动委员会"在梅县发动畲坑暴动胜利之后，又与潮安和揭阳的党组织联系，召开七县联席会议，建立暴动委员会，在潮揭丰边区和饶埔丰边区开展工农武装革命斗争。东江各县农民自卫军在中共东江特委的领导下发展壮大。1929年，东江红军加紧在潮安、丰顺、揭阳之间建立游击区，开展游击战争，并在归仁区世田村设立第二军区。古大存把军部机关设于上村的宝德居赖宝拱家，在世田村茂密树林中的大石岩，以天然巨石覆盖形成洞室，洞内高两三米，虽并不宽敞，但后面有出口直达山顶，能进退自如，红十一军和赤卫队的斗争活动就是以此为据点的。

解放战争时期山后武工队老队员蓝麦说：1929年10月，古大存带领东

江工农革命军从揭阳来登塘最先到达世田村驻扎，然后迅速发展到大小葫芦、闪桥和锡坑坪等乡村。世田村农会会长赖宝拱组织世田农会会员几十人积极响应革命军队的到来。赖宝拱引领古大存到宝德居家中住下，以宝德居为活动基点。世田村组织妇委会和少年先锋队、进步群众广泛参加革命活动。世田村农会和赤卫队员积极帮助第二军区运送物资，配合东江红军作战，出击揭阳反动民团。

1930 年 5 月 31 日（农历五月初四），国民政府揭阳军警从莆田路蒗来围剿世田村。放哨的红军战士发现后，鸣枪报警。李斌带领红军四十七团和赤卫队与敌人在世田村面前山与敌人发生激战。红十一军上士班长古焕中在战斗中负伤，翌日牺牲。战友们把古焕中烈士遗体抬回山上安葬。古大存主持烈士安葬仪式，红军和赤卫队战士列队追悼，身上佩戴枪支的把枪口朝下，以表对烈士的哀思。在追悼会上古大存表达了对烈士牺牲的悲痛和悼念，激励大家要为牺牲同志报仇。

战士们坚定革命必胜信心，为了人民能当家做主，不怕流血牺牲，随即展开战斗。

从 1929 年到 1934 年，古大存领导的红十一军在世田及周围的大葫芦、小葫芦、闪桥、白茫洲和枫树员打了多次仗，斗争范围拓展到揭阳和丰顺接壤边区。

潮安革命斗争进入高潮，加速八乡山根据地斗争的发展。归仁、登荣游击战斗中，所缴获的物资、钱币，经过红军后勤部运往八乡山，大力支持八乡山根据地的活动经费和红军的给养。潮安地区的革命斗争牵制着潮汕国民党力量，也减轻了八乡山根据地的军事压力。

1930 年 5 月，东江第一次工农兵代表大会在八乡山滩下庄屋坪召开，正式成立红军十一军，成立东江苏维埃政府。潮安县委书记杨少岳，委员陈耀潮、李子俊、龚文河等参加会议，陈耀潮被选为东江苏维埃政府副委员长，李子俊、龚文河也当选为常务委员。由于受李立三"左"倾冒险主义错误的影响，大会确定东江总暴动的策略是以红军十一军全部力量，乘虚猛攻潮汕。6 月，省委又指示"以夺取潮汕政权为完成地方暴动中心"。在这种背景下，东江特委书记兼前委书记颜汉章命令红十一军军长古大存三次攻打潮安城。红十一军四十六、四十七团和教导团共不足2 000人，在敌强我弱、力量悬殊情况下，第一次攻打，在林妈陂歼敌一个营，算是胜利，但红军也牺牲200余人，部队只好撤回八乡山和崇下。部队撤回后，受到颜汉章批评，受命进行第二次攻打，在枫溪长美与敌遭遇，结果红军损失很大。经过两次攻打后，古大存向颜汉章陈述利害关系，认为敌强我弱，远途出击，于红军不利。但颜汉章批评古大存右倾，命令第三次攻打，红军在归仁区枫树员被敌包围，遭受更大损失。红军十一军三打潮安，虽然以失败告终，但它撼动了国民党在潮汕的统治。

四、 红十一军在潮安北部山区的斗争， 促进潮安革命运动的全面复兴

红十一军在潮安北部山区开展轰轰烈烈的游击战争，深深鼓舞着全县的党组织和革命群众。当红军进入境内活动时，潮安党组织领导各村农会和赤卫队员积极配合红军作战，组织担架队、救护队随军行动，帮助部队运送物资。有不少赤卫队员参加了红军。1929 年春，县委在归仁白茫洲举办党团员学习班，贯彻落实中共六大及省委二次扩大会议精神。会后，党员干部利用红军在潮安斗争的有利时机，进入乡村，发动群众，恢复和建立党组织；进入城镇恢复和重建赤色工会。至 8 月底，全县恢复建立了大和、归仁、隆津、龙溪、登云、潮城和特别区委共 7 个区委，24 个党支部，党员人数达 300 人。农村贫苦群众希望"红军快来，赤派早兴"。赤色乡村不断出现了反对地主豪绅的斗争。全县有 13 个区开展了农运工作，50 多个村建立了农会，建立了一批革命活动据点。12 月中旬，潮安县召开了第三次全县农民代表大会，成立了新的县农民协会。为了与农村革命斗争相呼应，潮安工会组织在县委及潮城区委领导下，在"双十"期间发动宣传及袭扰活动，使驻潮城国民党军警误以为红军进城，惶惶不可终日。1930 年5 月，庵埠船业工会 5 000 多人举行大规模的罢工斗争，这次革命斗争轰动

全省，当时省委曾指示东江委派红十一军前往援战。

1930年4月，潮安县委在归仁区白茫洲建立了县革命委员会，标志着潮安土地革命斗争进入了新的时期。在巩固和发展八乡山根据地的斗争中，潮安的党组织和人民群众发挥了重要的作用。古大存等中共东江特委领导人，带领红十一军进入潮揭丰边交界的潮安北部山区，开展艰难曲折的游击斗争，帮助潮安党组织扭转了南昌起义军撤离潮汕后潮安革命斗争处于低潮的局面，激发了潮安人民的革命斗志，加速了潮安归仁、登荣游击根据地的形成，为潮安土地革命斗争全面复兴作出了不可磨灭的贡献。在历次战斗中，牺牲在归仁北部山地已知姓名的红军将士有古焕中、蓝永生、蓝大居、陈其喜、陈仕美等22位。

1930年7月，由于红十一军主力撤离八乡山，地处八乡山根据地边缘的潮安归仁和登荣游击区，势成孤立。在归仁白云村墙壁上，当年赤卫队书写的"红军胜利万岁"等革命标语至今仍清晰可见。红十一军及潮安地方党组织在归仁等地的斗争，为后来开辟潮安东北部浮凤根据地斗争提供了经验，对潮安整个土地革命斗争影响是深远的。

1930年8月25日，国民党六十师孔可权部及直属队驻丰顺教导团陈均仁营，会同潮揭丰边警卫队，"会剿"三县边境各革命乡村，重点围剿世田村，同时还到小葫芦村洗劫群众财物，烧毁民房，到处搜捕赤卫队员。留守归仁区的红军撤至丰顺茶背崀下。潮安县革命委员会、归仁区苏维埃政府因受到破坏而停止活动。

国民党警卫队和田东反动民团在红军撤离之际，又返回世田围剿。由于红军闻讯转移，敌人扑了个空，就点火烧掉红军住宿的地方。世田上村的宝德居前房屋顶和窗棂墙壁上现仍留存很多火烧痕迹。

红军撤至丰顺茶背崀下后转移到八乡山。归仁区世田、大小葫芦、黄潭等村的赤卫队员埋藏了队旗和武器，等待着揭竿再起，望着红军再来。

东江老区人民为国家的独立和民族的解放，历经腥风血雨，付出了巨大的牺牲，建立了不可磨灭的功勋！不忘初心，就是不能忘记那些为新中国慷慨捐躯的英烈，不能忘记为中国革命作出重大贡献的老区人民。1957

年，世田村被广东省政府批准评定为红色根据地上的老区村。2017 年 12 月，世田村被中共广东省组织部定为"红色村"党建示范工程示范村，现已成为爱国主义教育基地，激励着后人发扬优良的革命传统，不忘初心、继续前进。

回顾中国共产党领导的波澜壮阔的东江地区革命斗争历史，缅怀先烈们团结带领东江人民浴血奋战，推翻国民党反动统治，完成新民主主义革命，建立中华人民共和国的丰功伟绩。牢记苦难与辉煌，传承红色基因；让我们永远保持建党时中国共产党人的奋斗精神，永远保持对人民的赤子之心。无论我们走得多远，都不能忘记走过的路；无论我们走到多么光辉的未来，都不能忘记为什么出发。

饶平

中央苏区县

饶平县位于广东省东部，与本省梅州市的大埔县和福建省漳州市的诏安县、平和县接壤。土地革命战争时期，饶平、平和、大埔、诏安四县人民在中国共产党的领导下，创建了饶和埔诏苏区。它连接了闽西苏区，并先后隶属于闽西特委、闽粤赣特委、闽粤赣省委、福建省委领导，成为中央苏区的重要组成部分。

一、饶平早期革命武装斗争，为闽西饶和埔诏红色区域形成奠定了基础

（一）饶平与大埔、平和、诏安三县的革命渊源

早在 1926 年 1 月，饶平就建立了中共地方组织，是闽粤边各县中建立党组织较早的地区之一。1927 年 7 月成立中共饶平县委，书记杜式哲。此后开展了第一次攻打饶平县城、浮山暴动、支援大埔县高陂暴动等一系列武装斗争，闽粤边的革命力量在饶平境内逐渐聚集壮大，上饶地区组建了一支 2 000 多人的农军队伍，初步形成了红色割据区域。同年 10 月，朱德

率领南昌起义军 2 000 多人抵达饶北，并支援饶平农军第二次攻克饶平县城。朱德在茂芝全德学校召开军事会议，作出"穿山西进，直奔湘南"的正确战略决策。这支完整建制的军队，于 1928 年 4 月到达井冈山与毛泽东的秋收起义军胜利会师，被整编为中国工农红军第四军。

1927 年 10 月下旬，饶平县委在南昌起义军的鼓舞下，组建了广东工农革命军东路第十四团，在饶北地区开展年关抗租抗债暴动。1928 年 3 月，饶平县委派出 50 多名农军支援"平和暴动"，得到了中共福建临时省委的称赞。同年 8 月，饶平县委在上善温子良村受到国民党军队和反动民团 400 多人"围剿"，县委书记林逸响等 18 人被捕后在大埔茶阳惨遭杀害，酿成了震惊闽粤边的"温子良惨案"。饶平革命斗争进入低潮。同年冬，由饶平县委委员余丁仁（饶平人）、谢卓元、朱赞襄 3 人发起，经中共福建省委同意，成立了中共饶大特委，辖 4 个支部，在饶平、平和、诏安三县边境坚持革命斗争。

（二）饶平开展武装斗争和"建苏分田"，为饶和埔诏苏区打下了坚实基础

1929 年 1 月，东江特委派刘锡三（原名何丹成）到饶平任县委书记，恢复党组织，组织游击队，在饶平境内开展游击斗争，并活动于大埔的沐教、和村，平和的大溪，诏安的官陂等地，严厉打击了该区域反动势力。当年春，饶平上饶区的党组织得到恢复发展，逐渐形成以饶平北部石井乡为中心的革命根据地，奠定了饶和埔诏红色区域前期坚实的革命基础。同年 7 月，毛泽东率领红四军到达闽西，在那里开展土地革命，给饶平革命斗争带来了极大的影响。同年 10 月，饶平县委根据闽西第一次党代会精神，以县内第一个建立苏维埃政府的双善乡为分田试点，着手在上饶区"建苏分田"。

1930 年 3 月，饶平县委在石井乡大门口村召开全县农民代表会议，到会代表 300 多人，选举刘金丹为饶平县革命委员会主席。随后，成立了上饶区、区南区、石井、康贝、岭案、茂芝、埔坪、石岗、龙潭角、下祠等

一批区、乡苏维埃政府，开展全面分田。至当年 6 月，已有五分之四的赤色乡村完成分田工作。

1930 年 8 月，饶平县委从饶平北部的双善迁到南部黄冈区刺围村，革命斗争在饶平南部蓬勃开展。此时，中央苏区赣南、闽西不断巩固发展壮大。在饶平本土发展壮大起来的红军四十八团转战闽西南后，回师饶平上饶，第三次攻克饶平县城。同年秋天，红军四十八团上调闽西后，在双善岩下经村，饶平县委把 100 多名武装骨干组建成饶平红军第三连（后扩编为饶和埔诏红军第三连），担负保卫苏区、筹措经费等战斗任务。

饶平是闽粤边区建立党组织、开展武装斗争和"建苏分田"较早、影响较大的地区。饶平红色割据区域的形成，为饶和埔诏苏区的创建奠定了坚实基础。

二、饶平是饶和埔诏苏区的重点区域，与平和、大埔、诏安同属中央苏区范围

（一）全盛时期饶平苏区的斗争情况

1929 年 10 月，饶平、大埔、平和召开三县联席会议，成立军联委机关。饶平县委和三县军联委收编国民党蒋光鼐部驻饶第三营第十三连起义部队，并以这支起义部队为基础，创建了红军四十八团。之后，部队迅速扫除了饶平北部、大埔东部、平和长乐一带民团和反动据点，饶和埔边境遂连成一片。当月，毛泽东、朱德率领的红四军开赴东江后，饶和埔与闽西革命根据地连成一片。

1930 年 11 月，闽西特委将饶平县委、平和县委、大埔县委整合改组为中共饶和埔县委，统一领导饶平、平和、大埔的赤色区域和白区革命工作。饶和埔县委把原饶平、大埔、平和三县所辖地区划分为 10 个区：饶平 3 个区（黄冈为第一区，区委设在饶平黄冈龙眼城村；浮山为第二区，区委设在饶平浮山的长教村；上饶为第三区，区委设在饶平上饶的双善岩下村），

大埔 3 个区，平和 4 个区，不久又将饶平的九村和大埔的光德瓷业区划为第十一区。饶和埔苏区属于闽西苏区管辖范围。

1931 年 2 月，饶和埔县工农兵贫民代表大会在大埔大产洋村召开，成立饶和埔县苏维埃政府。会议第三天因敌人重兵包围而中断。饶和埔县委、县苏干部在饶和埔独立营和红军第三连掩护下，部分领导人转移到饶平的白花洋村，建立白花洋据点，饶和埔革命指挥中心从大埔转到饶平。同时，恢复饶平第三区区委、区苏，县委委员谢卓元兼任区委书记，詹涌波任区苏主席，继续领导上饶"建苏分田"的斗争。不久，饶和埔县委、县苏又从白花洋村转移到诏安秀篆石下村，继续开辟饶平、诏安边境根据地。这个时期，饶和埔苏维埃政府按闽西苏维埃政府的具体部署开展红军扩编、财政等工作，饶平也相应地承担了闽西苏维埃政府下达的任务。

为恢复和发展饶和埔革命根据地，1931 年 4 月，中共闽粤赣特委派原饶平县委书记刘锡三接任县委书记，饶和埔县委改称为饶和埔诏县委，依然辖 11 个区。此后，饶和埔诏红军第三连多次打击饶平境内深峻、九村等地的反动民团，恢复了进入闽西的通道。同年 9 月，中央苏区第三次反"围剿"后，闽粤赣苏区及时打通与饶和埔的联系，使赣南、闽西很快连成一片。同年 11 月，余丁仁等 3 人代表饶和埔诏县到江西瑞金出席中华苏维埃第一次全国代表大会。

（二）巩固发展时期饶平苏区的斗争情况

1932 年 4 月，红军东路军攻占闽南重镇漳州，推动了饶和埔诏革命形势的发展。同年 6 月，饶和埔诏在诏安石下村召开工农兵代表大会，成立饶和埔诏苏维埃政府，余丁仁任主席，谢卓元任裁判部长，陈明昌任军事部长。同时设立军事、粮食、土地三个委员会。同年 7 月，县委作出《关于夏收斗争与"八一"工作布置》，提出组织和发动群众，开展抗租、抗税斗争，重申土地革命，扩大游击战争方针。会后，县委分头开展工作，第三、第四、第五、第九和第十一区的区委和苏维埃政府得到了恢复，有198 个村继续进行分田。同时，在饶诏边境的一区（饶平黄冈）、二区（饶平浮山）建立了后方军械修造厂，创办消费合作社和医疗所，并在白区饶平县城秘密设置购销站，千方百计筹集苏区军民急用物资。

1933 年春，余丁仁代理饶和埔诏县委书记。刘锡三转到饶平浮山（二区）打石埔村养病，继续指导浮山、黄冈区一带开展抗租、抗税斗争，开展土地革命，扩大游击战争工作。同年 10 月，刘万士（饶平九村人）出席在汀州召开的福建省苏维埃代表大会。1934 年 1 月，刘万士又代表饶和埔诏县到瑞金出席中华苏维埃第二次全国代表大会。

"福建事变"之后，饶和埔诏革命力量有所恢复。1933 年 11 月，福建省第三次党代表大会后，饶和县承担扩大红军 150 名的任务。同月，赖洪祥和张崇带领游击队到岩下、磜头一带进行恢复上饶苏区工作。余丁仁率领部分工作人员，转到诏安的深湖和饶平的赤坑一带乡村发展诏（安）黄（冈）新区。不久，发展了一支 200 多人的赤卫队伍，革命力量扩大到饶平的渔村、下蔡、赤坑一带，从而同第二区的景坑、新营和湖岭一带游击区连成一片。年底，共产党员文锡题带领红军游击队近千人，驻扎在饶平坪溪乡（今二区的浮滨镇七个村）的大埔、下社根据地，抗击驻潮汕的国民党军队邓龙光部。

1934 年 4 月，余丁仁和张崇带领游击队和赤卫队 200 多人，在潮澄澳红三大队的配合下，拔除了饶诏边境黄牛山"白扇会"反动据点，从而使诏黄游击区得到发展。当年，饶诏边境特别是饶平境内共产党游击队活动频繁，给国民党政府军队造成巨大打击，国民党政府被迫撤换饶平县县长，集中反动力量加大对境内共产党游击队的镇压。

从 1932 年至 1934 年秋，闽西特委、闽西苏维埃政府和福建省委、省苏多次向饶和埔诏县委、县苏发出指示，并对扩大红军、共青团、筹款、土地分配等方面工作进行指导。

三、 饶和埔诏苏区饶平四个区的苏维埃活动区域

1930 年 12 月至 1934 年秋，饶和埔诏苏区在饶平境内的一区、二区、

三区、十一区范围，覆盖了当时饶平县的上饶、在城、浮山、黄冈、钱东 5 个区（据饶平县志记载，1928—1934 年，全县划分为上饶、在城、浮山、黄冈、钱东、柘林、平洲、海山、隆都 9 个行政区），占全县区数的 55.6%；按目前行政区划计算，饶平苏区覆盖了上饶、饶洋、新丰、建饶、新塘、浮山、东山、汤溪、浮滨、新圩、黄冈、联饶、钱东、韩江林场等 14 个镇场共 178 个村，苏区面积达 1 025.5 平方公里，占全县土地面积的 60.54%。

（一）苏维埃第一区（黄冈）范围

饶和埔诏苏区第一区有饶平的黄冈、钱东等区和诏安的思政区。1932 年以前区委机关设于黄冈区龙眼城村，区委书记邱月波。活动范围有黄冈区的刺围、龙眼城、里和睦、霞绕、上林、上寨、白村、碧岗、仙春、汛洲和钱东区的港墘、李厝、上浮山、下浮山、施厝、紫云等乡村。1930 年 8 月，中共饶平县委机关设于黄冈的刺围村。1931 年 4 月以后，第一区红色区域遭受国民党军队的"围剿"，区委转移至区北（黄冈区北部山区与诏安交界处称区北），活动于古笃、上寨、新寨、新陂、林厝楼、刘厝寨、潮坑、赤坑、凤双楼等乡村。1932 年《广东东区绥靖公报》饶平三、四、五、六月份"匪案"统计表中有黄冈区北乡、分水关、大桥头等地的多宗活动，可见当时第一区游击活动之广泛。

1932 年 7 月，饶和埔诏县委召开扩大会议，部署夏收和纪念"八一"工作，作出关于"积极组织和发动群众，开展抗租、抗税斗争，重申深入土地革命，没收地主土地分给农民，扩大游击战争方针"的决定，"恢复与建立饶和埔三、四、五、九、十一等部分苏区，注（意）黄岗（冈）、陂市工作"。此时，区委机关转移到诏安思政区的深湖村，区委书记改由吴立担任。同时，组建第一区苏维埃政府，机关设于诏安思政区的深湖村。区委、区苏按照县委扩大会议的精神，进一步加强诏（安）饶（平）边界赤坑、新陂等乡村的政权建设，开展分田分地，扩展饶诏边界红色区域。

1933 年 11 月，县委抓住"福建事变"的有利时机，进一步放手发动群众，恢复和巩固红色据点。县苏主席余丁仁率领部分工作人员，转到诏安的深湖和饶平的赤坑一带乡村开辟诏（安）黄（冈）新区。余丁仁到深湖后，组织农会，成立一支200多人的赤卫队伍，革命力量向饶平浮山区的渔村、下蔡，黄冈区的赤坑一带发展，并与浮山区的东山和诏安的景坑、新营一带游击区连成一片，形成了红色割据区域。

1930年12月至1934年期间，苏维埃第一区范围在饶平境内覆盖了黄冈区的大部分乡村和钱东区的部分乡村。按现行政区划分，有黄冈镇的龙眼城、里和睦、刺围、红光、楚巷、石埕、上林、寨上、霞东、霞西、霞中、新霞、白村、碧岗、仙春、北乡、汛洲等17个村，联饶镇的古笪、上寨、新寨、新陂、林厝楼、刘厝寨、潮坑、赤坑、凤双楼等9个村，钱东镇的港墘、李厝、上浮山、下浮山、施厝、紫云等6个村，苏区面积207.5平方公里，占全县总面积的12.25%。

（二）苏维埃第二区（浮山）范围

饶和埔诏苏区第二区，管辖范围有饶平的浮山区和诏安的太平区。1929年2月，浮山区已建立了区委，区委书记谢卓元（后克昂），区委机关设于浮山区长教村，活动范围有何厝、东洋屯、长教、湖岭、芹菜洋、西山、北山、双罗和诏安太平区的新营、黄秋坑、乾尾等村。为加强浮山区的政权建设和分田工作，1930年4月，饶平县委在诏安新营村召开浮山区农民代表会议，成立由沈壮等五人组成的浮山区革命委员会。之后，开展土地调查，着手各乡分田工作。

1932年6月后，饶和埔诏县委书记刘锡三、县苏维埃主席余丁仁率工作组在饶平的东山和诏安的山前、景坑一带指导工作，要求二区深入土地革命，扩大游击战争。二区迅速健全区委，成立区苏维埃政府，由区委书记克昂兼任区苏维埃政府主席。按照县委、县苏的指示，区委、区苏加强了乡村政权建设开展土地革命斗争，在恢复浮山区东部的双罗、水美、东山、湖岭、长教、东洋屯等乡村苏维埃政权的同时，又在浮山西部（黄冈河西）建立了桥头、竹叶岭、五祉、排江、江鱼潭、坪溪、牛皮洞等20多个乡村苏维埃政权，开展土地革命斗争，扩大了红色区域，并与一区、三区的红色区域连成一片。

1933 年底，"福建事变"后，余丁仁于诏安深湖率 200 多名赤卫队员，再次进入浮山区，恢复发展了渔村、下蔡、赤坑一带苏区，使之与东山、湖岭和诏安太平区的新营、景坑连成一片。与此同时，县委组织的另一支武装力量，在文锡题的带领下，越过黄冈河，进入坪溪的三坑、红花树一带活动，"聚众可千人，以大埔、下社为根据地……"，形成与浮山区东部的红色割据区域互相呼应的新格局。1934 年 4 月，余丁仁又率领饶和埔诏游击队，联合进入闽西的潮澄饶红军，攻下了诏饶边境黄牛山等反动据点，进一步巩固和发展了诏饶边境红色区域。

1930 年 12 月至 1934 年期间，苏维埃第二区范围覆盖了浮山区的大部分乡村。按现行政区划分，有浮山镇的浮山、东洋、何厝、打石埔、大坑、石壁、玉田等 7 个村，东山镇的长教、大片、芹菜洋、水美、双罗、湖岭、东山、西山、东南、北山等 10 个村，浮滨镇的桥头、竹叶岭、五祉、排江、沃潭、径楼、下庵、夏校、割埔、三红、坪峰、古山、东里、三坑、红花树、岭头、上社等 17 个村，汤溪镇的桃源、乐岛、半径、桃西、花桥、居豪等 6 个村，新圩镇的新圩、渔村、下蔡、寮子角、丁心洋、南洋、芹青、灯光、冯田、锦华、市田等 11 个村，苏区面积 353.02 平方公里，占全县总面积的 20.84%。

（三）苏维埃第三区（上饶）范围

饶和埔诏苏区第三区位于饶平北部山区，范围包括上饶区和在城区，区委书记先后为刘瑞光、谢卓元、陈明昌。双善、石井、茂芝、岩下、白花洋都曾为县委、区委机关所在地。上饶是中共饶平县委和饶和埔诏红军四十八团与红三连等革命武装的诞生地，也是闽粤边区最早"建苏分田"的地区之一。

1929 年 10 月，上饶区双善乡就开始搞分田试点。1930 年 3 月，饶平县革命委员会在上饶区石井乡成立。随后，上饶区苏维埃政府和石井、康贝、岭案、茂芝、埔坪、石岗、龙潭角、下祠等乡村苏维埃政府相继成立。接着，全区开展全面分田工作。至 1930 年 6 月，上饶苏区 65 个建苏乡村，有 52 个乡村，5 665 户，27 516 人，分到了田地 21 506 亩。

1930 年 12 月饶和埔县委成立，饶平的上饶区和在城区被划为苏维埃第三区。1931 年 2 月饶和埔县苏维埃政府成立大会遭到国民党重兵"围剿"，饶和埔县委、县苏机关从大埔县大产泮村转移到饶平在城区的白花洋村。在白花洋村建立据点后，恢复了第三区区委、区苏，县委委员谢卓元兼任区委书记，詹涌波任主席，继续领导上饶"建苏分田"的斗争。"附近的和里洞、上楼、麻寮、新楼、黄村、杨梅坪、饶中、饶南等村乡苏也建立起来，革命斗争又在第三区活跃起来。"

1931 年 4 月以后，饶和埔诏县委和县苏作出了恢复老区、开辟新区的部署，把恢复上饶老苏区作为战略重点，多次派出红军游击队到上饶一带进行恢复苏区工作。1932 年春，县委委员陈明昌到上善，恢复岩下等据点后，又恢复了岭案、康贝、石井一带乡村的农会、赤卫队组织。同年 7 月以后，陈明昌又按照县委扩大会议的部署，带领工作队回到双善，恢复了第三区区委和区苏维埃政府，并坚持在双善乡的岩下、鸟市里、里坑村一带开展游击活动。

1933 年以后，县委、县苏在巩固和发展上饶苏区的同时，进一步开辟了三饶新区。在城区西厢乡、北厢乡的梅峰、南淳、下坝、下寨、西坡、山美、黄山水、城格厝、刺竹坑等乡村建立农会和赤卫队，开辟游击区，开展抗租抗债斗争，建立龙居寨交通站和下寨、西坡、白塔等村交通点。"1934 年春，西厢和北厢的游击区联成一片。"在城区周围游击区的形成，与上饶苏区连成一片。当时的《新岭东日报》报道："饶北一带，上饶一区，几尽为'共匪'"。这迫使国民党不得不更换县长，拟迁县城。

从 1929 年上饶苏区创建至 1934 年秋，苏维埃第三区的范围覆盖了整个上饶区和在城区的东厢乡、西厢乡大部分乡村。按现行政区划分，有上饶镇的上善、下善、二善、红岩、永善、柏嵩、柏峻、新善、上坑、茂芝、康贝、康东、峯塘、马坑、坑前、许坑、康西、岭案、坝头、埔坪、埔中、新埔、上文、西片、蔡子角、岩下等 26 个村，饶洋镇的石北、大楼、中先、埔下、龙兴、南星、安全、大埔背、岗下、山前、杨慈埔、石岗、龙潭角、祠东、祠北、下祠、陈本、上山、溪背楼、名扬、八瓜洋、凤岗、三乐屋、水西等 24 个村，新丰镇的新山、汕水、上葵、下葵、新葵等 5 个村，建饶镇的白花洋、和里洞、上楼、麻寮、新楼、黄村、卓村、杨梅坪、饶中、饶南、中团、亚塘、石坛、车岭、秀溪、锡坑等 16 个村，新塘镇的南淳、溪西、饶丰、西石、下坝、下寨、西陂、山美、外宫、龙居寨、城格厝、刺竹坑等 12 个村，苏区面积 360 平方公里，占全县面积的 21.25%。

（四）苏维埃第十一区（上饶九村）范围

1930 年 4 月，饶平县委为推进九村的分田工作，从上饶区中划出九村乡一带为区南区，并成立区南区委和区苏，区委书记詹号，区苏维埃政府主席詹容。九村乡的洞泉、上山、下山、泮洋、三中、山水、茅坪、溪贝等村都建立乡苏维埃，并与上饶区同步开展分田工作。12 月，中共饶和埔县委成立后，饶平的九村和大埔的光德划为第十一区。十一区在饶平境内的范围包括今新丰镇的九村和韩江林场。区委机关设于九村天上紫，区委书记詹号。九村原属上饶区，位于区西南。

1931 年 2 月以后，九村赤色乡村遭受敌人的不断"围剿"。为恢复九村苏区，县委多次派出红军游击队到九村一带进行老区的恢复工作。1931 年 6 月，饶和埔诏红三连扩建以后，即奔袭深峻、九村民团，恢复进入闽西的通道。1932 年 7 月，饶和埔诏县委扩大会议之后，县委、县苏迅速恢复十一区的区委、区苏。同年 11 月，又派张崇进入西岩山九村活动。从 1930 年至 1934 年 6 月，活动在西岩山一带的九村区联队和上下山村的赤卫队也一直在九村坚持游击斗争，多次出击石寮溪、岗头等地民团。

从 1930 年 12 月至 1934 年期间，苏维埃第十一区（饶平境内）范围覆盖了九村乡的大部分乡村，按现行政区划分，有新丰镇九村的洞泉、陂墩、锡坑、上山、下山、中联、泮洋、三中、三斗坑等 9 个村和韩江林场的山水、茅坪、溪贝等 3 个村，苏区面积 105 平方公里，占全县面积的 6.2%。

四、 饶平苏区对中央革命根据地的重要贡献

土地革命战争时期，饶平作为闽粤边区较早开辟的红色区域，曾为朱德领导的"八一"起义军进驻饶平和保存革命火种作出了重要贡献。朱德、陈毅、周士第、李硕勋、叶剑英、粟裕、许光达、邓发等老一辈革命家，以及罗明（福建省委书记）、张鼎丞（闽西苏维埃政府主席）等一大批革命前辈都曾在这块红色土地上生活和战斗过，留下了光辉的革命足迹。

饶平是饶和埔诏苏区红军主力的诞生地。广东工农革命军东路第十四团、红军第四十八团，以及饶和埔诏红军第三连、饶和埔诏独立支队等革命武装，都是在饶平境内发展壮大的。这四支革命武装都先后在饶和埔诏苏区和闽西苏区境内，全力配合中央红军作战，有效地打击了国民党军队以及地方反动民团，牵制了国民党的邓龙光部、张瑞贵部、张贞部、刘和鼎部等四个师的兵力，为饶和埔诏苏区的形成发展和中央苏区的历次反"围剿"斗争作出重大的贡献。

土地革命战争时期，饶平承担并完成了中央苏区的大量工作任务，包括闽西苏维埃政府下达的有关红军学校招生、扩大红军、补充兵员、减轻财政负担等任务。饶平人民在红色区域内建立了枪械厂、后方医院，组织运输队、救护队、担架队，配合红军征战，组织民众运送各种物资进入中央苏区，为苏区的巩固和发展提供了物质保障。

饶平还是中央苏区秘密交通线之一。为保证中共中央建立的从上海—香港—汕头—澄海—饶平黄冈—饶平浮山圩—平和县—大埔县—永定县的秘密交通线的畅通，饶和埔诏县委在浮山（二区）、黄冈（一区）建立秘密交通站，配合中央地下交通线开展工作。1930 年冬至 1931 年春，叶剑英、邓发、黄甦、蔡树藩、陈友梅等一批重要领导同志都曾从这条秘密交通线安全进入中央苏区。

五、 被确认为中央苏区县

土地革命战争时期，饶平作为饶和埔诏苏区的重要组成部分，党组织健全，有自己的苏维埃政权及革命武装，进行了武装斗争和打土豪分田地。根据民政部、财政部1979年颁发文件规定的土地革命战争时期根据地划分标准，饶平县应属中央苏区范围。2009年7月，饶平县委县政府在充分调查研究的基础上，决定启动饶平县申报中央苏区县工作。在中共中央党史研究室、省市领导和有关部门的亲切关怀下，在省市党史部门及省市老区办、老促会的悉心指导帮助下，在福建省漳州市委党史研究室以及诏安县、平和县和大埔县的支持下，全县人民积极响应，参加申苏工作的同志忘我工作、无私奉献、不懈努力。2010年6月3日，中共中央党史研究室正式确认饶平县属于中央苏区范围，饶平县成为广东省继大埔、南雄之后的第三个中央苏区县。

潮安交通旅社

中央秘密交通线的重要交通站

土地革命战争时期，由周恩来同志组织创建的连接上海中共中央临时政治局和以井冈山为中心的闽粤赣边革命根据地的秘密交通线，从上海绕道香港，经汕头、潮安、大埔等地，转闽西进入江西，成为连接中共中央与中央苏区的红色通道。潮州是交通线上从陆路到水路上的转折点，位于潮州城上水门内街卫星二路的潮安交通旅社在秘密交通转接工作上发挥了重要作用。

一、 潮安交通旅社是红色交通线重要交通站

"朱毛"井冈山会师之后，建立了中国工农红军第四军，迅速创建根据地，随后在江西瑞金建立了中央苏维埃政府。

蒋介石不断组织国民党军队对闽粤赣边根据地中央苏区进行"围剿"，并提出对中央苏区的封锁必须做到使敌"无粒米勺水之接济，无虮蜉蚊蚁之通报"的程度。上海中共中央先后开辟的通往中央苏区的几条交通线均受破坏。

1929年下半年，中共闽西特委在闽西永定金砂古木督成立了闽西工农

通讯社，成为沟通红色区域之间的联系和根据地建设的机要交通网。这是红色交通线创建之始。1930年春，红四方面军前委急需沟通与上海中共中央的直接联系。同年6月，毛泽东指派卢肇西（红四军第四纵队政治部主任、闽西暴动领导人）从永定到上海同党中央联系，向周恩来汇报有关建立通往中央苏区交通线问题。周恩来充分支持并着手开展创建交通线工作。

"中共中央交通局在中央军委书记周恩来的直接领导下，采取得力措施，开辟从上海经香港、汕头、潮安进入闽粤赣边苏区和江西苏区瑞金的地下红色交通线。闽粤赣苏区特委及其所属党组织，积极地配合中央交通局，做了大量的具体工作。"（《中共闽粤赣边区史》，第88－89页）周恩来确定这条交通线经过潮汕，离不开他在潮汕的革命历程。1925年他作为国民革命军总政治部主任两次东征到潮安，创建黄埔军校潮州分校，又主政粤东，打下了良好的革命基础。1927年为恢复广东革命根据地，他率领南昌起义军从江西转战福建和广东潮汕，走的正是这条路。他对潮汕无比熟悉，因而设立从潮汕经过的交通线成为首选。1930年10月由他主导并由向忠发、李立三、余泽鸣、吴德峰组成的交通委员会下辖中央交通局，直属中央政治局领导，着手建立全国红色交通网，重点建立从上海党中央所在地通往中央苏区这一交通线。①

周恩来在闽西工农通讯社的基础上，策划建立这条秘密交通线，把中央军委交通总站及中央外交科归并交通局，指定吴德峰为交通局长，调中共南方局秘书长饶卫华在香港建立华南交通总站。年底，中央交通局副局长陈刚通过局内同志黄玠然在上海中法药房的亲戚，到汕头市镇邦街7号建立中法药房分号，作为中央交通局直属的一个重要交通站。（1931年5月，曾在中央特科工作的顾顺章叛变，他知道这一交通站址，故该站停止活动）

1931年初，陈彭年、顾玉良、罗贵昆被派到汕头市建立交通站，以海平路98号的华富电器材料行作为掩护设站，陈彭年为该站站长。与此同

---

① 本文有关周恩来在潮汕地区进行革命工作的内容，来源于《广东文史资料》1980年第28辑，《文物天地》1982年第1期。

时，调杨步青（后调李沛群）到闽西任交通站站长。大埔设立交通中站，卢伟良担任站长。肖桂昌、曾昌明（后任大埔站站长）、熊志华等担任中央专职交通员。

1930年至1931年，各地交通站开设地下交通店，如香港的金碧酒楼、潮安的交通旅社、大埔的大同饭店、青溪的同天饭店和永丰客栈。

潮州城是闽粤赣边商品集散地，东南亚和香港华侨华人众多，当时华侨、商人往来甚多。市区和沿途各式各样的商店也为苏区运进各种紧缺商品提供各种理由和便利。潮州城在清末年间建造了韩江码头，开通了韩江轮船航运。1906年由华侨建设潮汕铁路，使潮安境内水陆交通便利。因韩江上游汀江发源于闽西，龙岩长汀多有商家到潮州经营甚至开设汀龙会馆（位于开元路，现已拆除），经过韩江水运，嘉应客商辐辏潮州城，故很多梅县籍的东南亚华侨愿意在潮州经营客栈，盈利以供养家乡。大埔籍华侨吴庆寿开办的潮安交通旅社，位于潮州市湘桥区卫星二路水晶西巷对面无名小巷的西北侧（在20世纪90年代被改建为居民住宅区，格局如现名为"木棉客栈"的福春旅社）。此地原有一小街贯通白日路和东平路，小街北侧西端有一座四层楼房，出了上水门就是韩江客运码头，地理位置十分便利。吴老板同情革命，处事和善，与当地人少有交恶。地下交通站设在这里，可以接待同志，存放货物，有利条件较多。潮州城上水门内街除了有交通旅社，还有德华旅社、新华旅社等，居住大量船工，几乎都是客家人。这些地方人来人往十分复杂，是一个鱼龙混杂的灰色地带，顺韩江南来的客籍商贾人员多在此停留。故地下交通员把交通旅社设为这条红色交通线中的一个交通点。

闽西交通站站长李沛群后来回忆党的领导干部经过潮汕进入苏区的情况："这些干部有些是经香港去，有些是直接从上海搭船到汕头，经潮安上大埔转去闽西。搭乘从香港或从上海到汕头船只的人，进入妈屿口上岸，一般可以不在汕头停留。上岸后即可坐人力车到火车站去搭乘往潮安的火车（那时汕头去潮州有火车，相隔一个钟左右便有一趟），再从潮州搭船上大埔，很方便，在汕头停留反而不安全。"可见潮安交通旅社在交通线上的重要性。

1930年，经周恩来筹划，交通局特科的李强和张沈川等在上海创办无线电训练班。曾任湖南区委执行秘书的曾三，被派往上海中央特科学习无线电通信技术，从事地下无线电工作。1931年他被派往江西中央革命根据地，担任报务员，实现了中央红军与在上海的党中央的第一次无线电联系。曾三在进入中央苏区时就住宿于潮安交通旅社。1955年，曾三在为福建龙岩党史办公室提供的史料中，证实潮安交通旅社是这一交通线上的重要交通站。进入中央苏区的干部大多在这里食宿，运往苏区的物资大多在这里组织采购和中转。

潮安交通旅社是这条交通线由陆路到水路的转折点，从香港购置输入苏区的物资也要在此转运。大埔青溪交通站有2艘运输船来往于潮州城和大埔。输入苏区的物品有布匹、食盐、药品、纸张、电信器材、印刷器材、军械器材等。这些物品经包装后，由交通员化装携带，或利用社会关系托运到汕头。汕头交通站把货物运到潮州城，就在竹木门外韩江河面上（或在金山下青天白日码头）和大埔交通站派来的船交接。大埔来的船，船头挂上竹笠，暗示上货，上满货之后，取下竹笠，当夜把船开走。货船一到青溪，交通站立即组织群众趁着夜色抢运到铁坑转往闽西。

1996年1月23日，原国家主席杨尚昆视察潮州。在潮期间他也提到1932年秘密进入中央苏区时住宿于交通旅社。

二、 从主要领导同志进入苏区看潮安交通站的作用

李德是从汕头乘车到潮安的。他在《中国纪事》写道："1933年9月底，我去中央苏区的准备工作一切就绪。海轮把我（从上海）带到汕头…… 接着，我们（指李德和护送他的姓王的中共保卫机关工作人员）一起乘车向内地行驶，到了附近的县城潮安，潮安的那一边是'禁区'了。我们步行离开城市，向韩江河畔走去……我们到达了韩江，另一个联络员已经在那里等着我们。王匆匆与我告别。我的新同伴把我引到一只船上，

我爬进狭窄的船舱，在这里我平躺了几乎二天二夜，不敢出声。将近傍晚，船终于开动了。晚上，这只小船同其他许多小船一起由一只轮船拖着，向上游驶去。沿途停了多次，在我的上面是人的脚步声。有几次显然是在盘查，混杂着粗鲁的问话和命令。第三天，我才走上了小船的船板。"李德的叙述非常清晰，1933年9月，他去中央苏区途经潮安，在韩江岸边有潮安的交通员把他引上小船，在小船船舱里待了两天两夜，晚上小船由一艘轮船拖着，向上游驶去。沿途几次受到盘查，却安然无恙。

1931年11月底至12月初，根据党中央"巩固发展和扩大苏区与红军，抽调白区百分之六十的干部到苏区去"的指示精神，周恩来由中央交通局负责人之一的肖桂昌等人护送，从上海到福建汀州的中共闽粤赣苏区省委。

周恩来从上海坐船至汕头市以后，由民权路电器材料行这一绝密交通站的同志安排在"金陵旅社"（汕头市最大的旅社）下榻。他们在下楼时发现楼梯拐角处一个玻璃镜框，里面有一张相片，是1925年汕头市各界欢迎黄埔学生军大会时照的。照片里面有周恩来。为安全起见，他们马上迁到棉安街一间小旅店去住。这间小旅店原来是镇守潮安的国民党独立第二师师长张瑞贵秘密开的，警察、地痞、流氓从不敢去骚扰，国民党警察局例行的"查夜"也不敢到这里来，是相当安全的。

周恩来和肖桂昌在棉安街旅店住了一天后，第二天乘火车至潮安。当时，周恩来同志以商人打扮，肖桂昌同志和另一交通员黄华（原名丘延林，大埔坪沙人，汕头秘密交通站交通员）扮成他的同行者。他们买了二等火车票，谁知上车后发现二等车厢只有他们三个人。周恩来同志一看不对头，急忙走入三等车厢。三等车厢人多又杂，他们和老乡挤在一起，拉下帽子看报纸。谁知事有凑巧，火车检票员来查票。这个人是周恩来1925年带领国民革命军东征驻汕头担任东江各属行政专员时，遇到过的一个铁路职工骨干。他曾到当时东江行政专员公署去向周恩来请示过工作的。周恩来认出他后，忙把头上戴着的毡帽拉得更低点，扭过头去看窗外，肖桂昌机智地连忙站起来把周恩来挡住，随手把车票交给那个检票员。那个检票员见是二等票，就用手指着隔邻二等车厢，要他们三人到那边去。幸好当时只有一个检票员，肖桂昌当面答应，见那个人走后就坐着不动。火车全程只有几十公里，很快就到潮安了。

周恩来一行在潮安吃过午饭，乘下午二时开往大埔的电船。他们买的就是电船尾的小厢房票，上船后就关房门休息，船到大埔县城后，转乘开往虎头沙（即铲坑，又名石下坝）的小电船，在途经青溪时就上岸。

据卢伟良回忆，约在11月底至12月初的一天下午5点，周恩来由肖桂昌、黄华陪同来到青溪站沙岗头。在青溪，周恩来利用仅有的一点休息时间向当地干部作了形势报告，他鼓励同志们要加倍努力工作，完成交通线上各种任务。晚饭后，卢伟良率短枪队八九人及蔡雨青（大埔埔北交通站负责人）、肖桂昌等人护送周恩来同志到多宝坑邹日祥家里，休息半小时后赶路，过伯公坳时铁坑交通站的负责人邱辉如也一块护送，他们从铁坑、桃坑到虎岗，经永定河到永定县委所在地"秋云楼"，再由永定县委书记肖向荣派人护送至江西瑞金。

闽粤赣边中央根据地于1931年11月成立了"中华苏维埃共和国临时中央政府"和"中央革命军事委员会"。由于苏区和红军建设的需要，一批在白区工作的干部急需赴中央苏区。中共上海临时中央政治局鉴于此情况，派邓颖超赴中央苏区。具体路线是：由上海乘船经粤东至韩江、汀江，再由大埔走陆路经闽西进入中央苏区。数天后，邓颖超一行已至粤东。此时，由于叛徒的出卖，设在香港的中共两广省委机关已遭敌人破坏，国民党特务到处捕捉中共党员。国民党粤军正调集重兵，紧锣密鼓地"围剿"东江革命根据地的中心地区——大南山，粤东大地处于白色恐怖之中。

为了邓颖超的安全，党组织派熟悉韩江、汀江两岸情况，并多次进出苏区，出色完成交通任务的交通站站长李沛群亲自在汕头接应。1932年4月的一天，邓颖超一行与汕头交通站的负责人陈彭年接上关系后，便在李沛群的掩护下，由汕头乘火车至潮州。在潮州，她们由东门韩江边登上往大埔的小电船后，船便徐徐地溯江而上，往大埔驶去，此时的邓颖超经过精心的化装，上身穿着深绿色的对襟上衣，下身是墨黑色的裤子，头梳着圆圆的发髻，看上去完全像一个地道的走亲戚的城市妇女。因乘船的大部分是客家人和潮州人，为了避免因交谈招惹不必要的麻烦，她与项德芬夫妻俩安静地坐在船上。靠着沿途交通站和交通员的掩护和护送，邓颖超一行经数百里的长途跋涉后，于1932年5月1日到达闽西汀州，进入中央苏区红都瑞金。

以潮汕铁路和韩江航运为主线，为防止意外发生，同时建立了陆路交通副线，经过汕头—澄海县—饶平黄冈镇—福建平和县—大埔县—永定，进入苏区。饶平县委根据上级指示，派副书记詹瑞兰到黄冈镇南门咸杂店建立秘密交通站，联结大埔埔东，掩护路经黄冈的军政领导人和交接物资运往苏区，少数同志就是通过这条副线进入中央苏区，如叶剑英、邓发、黄甦。

1930年秋，叶剑英刚从苏联回国，"自从老扬（叶剑英化名）到香港后，广州政府已知道他要到闽粤赣组织暴动，（任）总指挥，故叫潮汕各地防军和侦探加紧检查行人"。12月间，大埔交通站站长卢伟良接受闽西特委书记邓发命令到香港跑马地带叶剑英、蔡树潘、陈友梅3人前往闽西。因叶剑英是梅县人，为了避免被客属人等认出，邓发要求卢伟良走澄海、饶平这一条陆路交通线。一天下午，他们从香港乘船，在第二天早上八时许船到汕头乘轻便火车去澄海，再由澄海步行到黄冈圩（现饶平县黄冈镇），据护送叶剑英同志进入中央苏区的卢伟良回忆，"当时到黄冈已黄昏，进入城门，走了一条直街，在第一条横街交叉点地方，有一间铺面很大的咸什铺（潮汕的咸杂也叫'杂咸'或写为'咸什'，'什'潮汕话读音同'杂'，是指多种多样的日常佐餐小菜），我们到这间铺受到主任的热情接待，当晚住在楼上"。当晚，他们就住在这间咸什铺，然而，睡到下半夜，他们突然被远方传来的枪声惊醒。店主告诉他们，这是一些抢劫商船的枪声，不知道哪条商船又遭殃了。为了安全起见，叶剑英与卢伟良等人立即转移，马不停蹄地赶到饶（平）和（平）（大）埔苏区，即红十一军四十八团驻地。他们快步走到下半夜两点多钟，实在太疲劳了，当时恰好经过一个小村庄，村边一间厕所旁堆放着一堆新打的禾草，他们拆禾草作床铺睡着，天差不多亮的时候又继续赶路，跑了二十多里路，进入埔东游击区。

从黄冈到大埔埔东是崎岖难走的山路，有土匪出没，又不好问路，为了减少赶路的疲劳，叶剑英一路上给大家讲解《红楼梦》里的人物和书里一些有趣的故事，引得大家哈哈大笑，顿时忘记了长途跋涉的辛劳。他们终于安全到达大埔县苏维埃政府所在地，在那里住了三天再到闽西特委的所在地虎岗，经长汀、上杭等地到达江西中央苏区。

三、 红色交通线上的重大历史作用

中央交通局建立了多条由上海党中央所在地通往中央苏区的交通线，但多受到破坏。上海—香港—汕头—潮安—大埔—永定—长汀—瑞金的中央红色交通线，从1930年至1934年，完整地发挥了中央苏区生命线的作用。

山高水远路迢迢的千里红色交通线，要通过敌人的重重封锁。特务的破坏和叛徒的出卖，给中央苏区与中共中央的交通增加了极大的困难。潮汕是从香港通往闽西的门户，也是东江反动势力集中的地方，故驻军也比较多，侦缉队有数百人，国民党军警在车站等交通关口追捕缉拿革命同志的事件是经常发生的。1931年2月，潮安县委交通员陈海鹅叛变，不仅使潮安党、团组织受到严重破坏，还让潮汕铁路的各个车站都密布着暗探及叛徒，每个关口都要检查。广东省工代会秘书长林俊良夫妇在香港被捕叛变，到汕头当国民党的侦探，因他是东江人，给香港及东江两地过往同志的安全带来很大的威胁。

经韩江水路来往的人员多是从南洋谋生回乡的人，或是官僚警客，或是在潮汕的商家等。国民党警卫队韩江营对过往船只不断进行检查。为了顺利过境，进入苏区的同志多以商人的身份从汕头坐火车经潮汕铁路到潮州西门火车站，以乘坐人力车作掩护，穿越潮州城区到交通旅社暂息，然后通过乘坐韩江小电船（客船上打杂活的"小公司"就有中共地下的交通员）溯韩江北上到大埔、茶阳、青溪再转闽西永定，或经梅县松口、蕉岭、平远往江西寻邬等地。从澄海、饶平过大埔入粤西这条路，土匪多，穿戴比较整齐的经常遭受抢劫。因此经过这线路的同志多装扮成当地农民，以免发生意外。

尽管情况复杂多变，但由于地下交通组织者具有高超的斗争策略，交通人员机智勇敢，以及地下党组织的有力支持，这条秘密的交通线在传送信件，护送各级领导同志进入苏区，保护军用物资输入苏区等方面作出了重大贡献：

（1）从1930年底到1933年1月中共临时中央政治局迁往中央苏区之前，这条交通线沟通了上海党中央与江西中央苏区的联系，使党中央能及时了解和掌握中央苏区的情况，又使中央苏区能及时得到党中央的指示。

（2）护送大批领导干部特别是重要的领导干部进入中央苏区，规模比较大的有三次：第一次是1930年冬到1931年春，中央从白区调一批干部到苏区加强领导，有项英、任弼时、邓发等；还有从苏联学习归来的，如叶剑英等以及几十名旅欧回国的学生，共100多人。第二次是从1931年5月至年底，因原在中央特科工作的顾顺章叛变，部分同志转移到中央苏区，如周恩来、李克农、钱壮飞、吴德峰等。第三次是1933年1月，中共临时中央政治局由上海迁入中央革命根据地中心瑞金。从1930年到1933年1月，由上海经潮汕红色交通线进入苏区的领导干部有200多人，其中重要的领导人有刘少奇、周恩来、叶剑英、项英、陈云、博古、任弼时、聂荣臻、刘伯承、左权、李富春、林伯渠、董必武、谢觉哉、徐特立、张闻天、王稼祥、李维汉、邓颖超、蔡畅、杨尚昆、陆定一、王首道、瞿秋白、伍修权及共产国际代表、中央红军顾问李德等。

（3）向苏区输送民用、军用等重要物资。在敌人的"围剿"封锁下，当时中央苏区的物质条件非常困难。苏区每年需要价值900万元的盐和600万元的布以及大量药品、电池、电缆、硝酸等，这些物资必须从国民党统治区进入，由中央交通线沿途的香港、汕头、饶平、大埔以及苏区边境各县的党组织开设一些店铺，如文具店、百货店、药店、布匹店和电器五金店等，以合法经营方式输送入苏区。

（4）交通员把苏区的钱款送往上海、香港等地作为党组织的活动经费，或从白区购买苏区所需货物。1930 年秋，卢伟良从闽西特委回香港时，曾带 10 多公斤金子和几百块大洋交给在香港的广东省委。1931 年吴德峰到苏区提款，一次就带走 20 万元。同年夏天，曾昌明和肖桂昌到苏区提款，把在漳州聂荣臻交给他们价值 5 000 元的金条，带给香港的党组织。

经过潮汕的红色交通线，是周恩来亲自组织建立的党中央通往中央苏区的秘密交通线，它开辟最早（1930 年 7 月）并坚持到最后（1935 年 1 月），在中共中央直接领导下坚持了长达 4 年多时间，出色完成了各项重大交通任务。沿线各地忠实可靠的党员干部担任交通员，采取特殊措施掩护中央交通线，协助清理敌探、叛徒以保证交通不断，组织武装交通队保卫交通站的安全。红色交通战士和革命群众为完成交通任务付出了重大的牺牲。中共中央、中央苏区和东江党组织及革命人民与交通员同心协力，并肩作战，用智慧、鲜血和汗水联结成的敌人侦不破、切不断、锁不住、打不掉的红色交通线，既写下了党中央、中央苏区同敌人开展特殊斗争的光辉一页，也谱写了东江革命根据地为中国革命作出的特殊贡献的光辉篇章。

佘厝洲

潮澄饶『革命一老家』

潮州市潮安县江东镇佘厝洲村是抗日时期党在潮（安）澄（海）饶（平）平原边界的一个革命中心据点。其被潮澄饶广大干部和革命群众尊称"革命一老家"。

佘厝洲村位于潮安江东南面。江东是潮州城南郊、韩江下游两条支流之间的一个冲积沙洲，总面积37.4平方公里，人口约3万，居民以务农种植甘蔗、香蕉等经济作物为主，四面环水，出入全靠舟楫，交通不便。南岸毗邻饶属隆都（当时属饶平）、澄属上中等富庶之区，又是潮澄饶三县边界的中心，且有水路可直通汕头市。这种客观的特殊因素，加上它本身特有的由甘蔗、果园形成的青纱帐和四面江流环绕的地形，构成了它进可出击，退可隐伏，难以追踪的优势，是个适合小型武装活动之地。佘厝洲村位于江东洲诸东南部，在江东是个小村小姓，人口仅有五百多，大部分是贫苦农民，文化水平落后，是个没有社会地位、没有权势、政治较为单纯的村子。

从抗日战争至解放战争，佘厝洲的革命斗争不息，历受敌人围村，始终巍然屹立，保卫着党和人民的安全。

一、 抗日战争时期

大革命时期，佘厝洲周围的村庄，如下湖、西前溪等农运曾盛极一时，也建立过党的组织。西面距佘厝洲4公里的仙洲是当年中共潮安县委机关中共潮澄澳县委所在地，西前溪党支部一直坚持到1935年，后来因多次遭受"清乡"，革命暂告失败，但对群众已有相当的政治思想影响。此外，江东的地方封建势力也十分雄厚，如红砂寮村是潮澄饶著匪洪之政的家乡，独树三庄有反动官僚庄升彦的家族。井美、龙口、蓬洞三村是所谓三刘大姓。这些地方封建势力与上层"实力派""建设派"和"大光派"又紧密联结在一起，对革命是一种压力，但在潮安失陷后各派内部之间的矛盾错综复杂，因而给党的活动创造了有利条件。

1937年卢沟桥事变发生后，在广州求学的佘厝洲村进步青年李习楷因战争影响失学回村，自发地在村里办夜校，宣传抗日，启发群众的民族意识和爱国热情，打下了一定的群众基础。1938年春，李习楷到澄海上中区蓬斗村小学教书。他积极宣传抗日，发动学生支援前线。这突出的进步行动引起澄海青抗会和党组织的重视，党组织派党员陈培志和他联系，吸收他参加青抗会，同年4月他加入中国共产党。之后，党组织派他回佘厝洲村发展党组织，吸收了李诗协、李广木、李合弟入党。同年11月，佘厝洲村建立了党支部，由中共澄海一区区委领导，李习楷任支部书记。这是抗日时期党在江东的第一个战斗堡垒。1939年4月，李习楷参加区委，这时，上中东林头、蓬头村一带和江东佘厝洲村就成为区委的主要活动点。同年冬，邻村西前溪也建立了党支部。

随着抗日形势的发展和党支部的建立，佘厝洲也掀起抗日救亡热潮。党支部通过办夜校，布置党员深入"闲间"，以群众喜爱的文娱活动——拉弦唱曲的方式，配进一些新内容，如把周礼平创作的一些既有思想性又有地方特色的方言歌配曲，生动活泼地教唱流传，如有一首《鸦片丁》："鸦片丁，戴红缨，红缨红纷纷，戴去见皇军。皇军无你拜，献鸡又献菜，礼物廿八双，封你做汉奸，认贼做生父，枉你生做人!"通过这些浅显易懂的歌谣灌输革命思想，提高群众的民族觉悟和阶级觉悟。此外还组织读报讲时事等。李习楷的爱人陈通杳则以"姐妹会""拜月会""识字班"的方式把妇女组织起来，从教识字、手工入手，建立感情，进而宣传抗日救国和妇女翻身解放的道理，从中培养妇女骨干和发展女党员。在办识字班过程中，她特别注意引导妇女在学习的同时处理好家庭关系，取得邻里的支持，化阻力为助力，从而团结了更多的妇女群众。

1939 年 6 月，日寇占领了汕头市和潮安、澄海县城。潮澄饶党的部分组织处于日占区中。党为加强敌后区工作，派陈锐志为书记建立上中江区委。区委机关设在东林头村。8 月底，周礼平开始深入敌后到余厝洲调查了解情况。10 月，潮澄饶中心县委召开扩大会议，决定增设敌后工作部，周礼平任部长，同时决定建立余厝洲村敌后据点。敌后工作总辖区主要为沦陷区（包括缓冲区），属下有澄海一区区委（年底改为江东上中联区，翌年夏又分为江东、上中两个区），据点的建立和敌后斗争的开展为潮澄饶抗日斗争作出重大贡献。它的建立和发展大致可分为几个阶段：

(一) 创建开展活动据点

中共潮澄饶中心县委扩大会议后，周礼平亲自到余厝洲村部署据点工作。他以李习楷为主要助手，依靠党支部的力量，针对余厝洲的现实情况与存在落后和房界关系紧张的问题，因此决定应以改变它的落后面貌为中心，开展各项工作：

（1）大力开展对青年群众的思想教育。把青年发动起来，作为消除房界纠纷和开展工作的前提。他们把"闲间"组织起来，加强领导，并命名为"集益轩"，使它成为青年的活动中心和开展工作的阵地。另外，由李习楷主动与各房青年接触，关心他们的生活、学习，建立感情并晓以道义，强调国难当头，匹夫有责，各房应加强团结，抵御外侮。由于他的真诚耐心，终于使各房之间消除了隔阂，团结友好参加抗日救国运动，涌现了不少积极分子。于是党支部有计划、有步骤地从各房中发展进步青年入党，使他们充分发挥带动群众和冲击封建阻力的作用。接着，他们又发动了一场破封建习俗做"丁头"的斗争。当时村里习俗是男丁要轮流于每年元月十五、十六日宴请全村男丁，导致村民负债破产。党组织针对这种陋俗，发动党员带头引导青年起来抵制。虽然遭到上层封建人物和习惯势力的反对，但在党组织的领导和青年群众的支持下，终于废除了这个封建习俗，提高了群众的觉悟。

（2）积极开展中下层统一战线工作。1939年6月潮安县城陷落后，东凤士绅陈政出任潮安第五区区长，设署在江东。陈是潮安"建设派"主要人物。抗日战争爆发后，面临国破家亡的危境，他主动抗日，曾大力支持东凤进步青年组织的"播音工作团"的抗日运动；东凤沦陷后他坚定抗日救国立场，在江东组织战工队（后改自卫队），成立"五区抗日动员委员会"，吸收了爱国青年参加。这是一个开展上层统战工作的机会，中心县委一方面通过"潮安五区播音工作团"的陈家富与陈政的关系，安排党员陈汉、许拱明到自卫队担任指导员，协助领导队伍的工作。另一面则派李习楷以地方人士的身份应邀参加"五区抗日动员委员会"和"自卫队"，以扩大接触面，更广泛地开展各阶层统战工作，与陈政、刘贤名等地方实力派初步建立了统战关系；同时结识了东凤进步青年陈家富、陈孝乾、陈维扬、郑奕庭、郑国雄等。

在佘厝洲本村，则积极团结争取村里的士绅、房老、保长等封建统治人物，根据不同对象采取不同的工作方法。布置"强房"青年对"房老"进行统战工作，通过说理或以私人感情劝说引导，终于使他们在统战工作感召下，同情支持党的工作，如李护农、李捷标等后来为党做联络传送情报等工作。

（3）掌握武装，组织游击小组。1938年9月，闽西南潮梅特委书记方方在潮汕中心县委扩大会议上，作出开展抗日游击战争的指示。潮汕中心县委决定建立佘厝洲据点时，进一步强调开展游击战争。这时，陈政正在组织战工队，这是党组织公开开展武装活动的机会，因此由党支部发起，把党员和进步群众组织起来，建立抗日游击小组，枪支来源是村里守菁队十多支公枪和李习楷家的四条枪。游击小组以卫村的名义开展活动，配合陈政的战工队袭扰江东对面东凤日伪哨所、护堤公路的汽车等，较出色的是 1940 年 1 月 15 日，配合伏击了日军一艘汽艇，缴获物资一批，此外是在江东开展除奸、肃特、缉私（走军火原料）和收集情报。

在这期间，为进一步巩固据点，周礼平具体分析了周围的情况之后，决定开展肃清妨碍据点的一些危险人物的工作。于是以游击队小组为核心，秘密处决了周围几个危险分子，消除了隐患。

（4）占领学校阵地，培养少年儿童。党支部把村里教"老书"的一间私塾改造为教新书的小学，作为培养革命接班人的阵地。1940 年至 1949 年，先后由党组织安排了邱峰、赵世茂、许亦涛、陈式文等十位同志到学校任教，并配合据点开展工作。在他们的教育下，村里的少年儿童机智勇敢，他们协助站岗放哨，做交通联络工作，不少人后来成为党的骨干。

（5）建立革命家庭，掩护党的领导机关。周礼平到余厝洲后，认为李习楷的家已成为敌后党组织的机关所在地，必须建成革命家庭，安排李习楷的两个嫂嫂过南洋，使李家成为党组织活动的"小天地"。此后，江东上中联区书记汤诚一家就住到李家来，周礼平也经常隐蔽在这里指挥敌后党的工作，生活给养就由李习楷负责。

（二）执行隐蔽斗争方针

正当江东的革命斗争开始形成热潮时刻，国民党顽固派发动第一次反共高潮，各地抗日团体先后被解散，党中央发出"长期埋伏，积蓄力量，等待时机"的方针，这时中心县委决定应即速隐蔽干部，保存力量。江东这里也相应采取了一系列措施。

（1）隐蔽干部，转变斗争方式。党把陈汉、许拱明等人从陈政的自卫队撤出，李习楷也不再与陈政的五区区公所往来而转入隐蔽斗争。1940 年春，江东地区因处于蒋、伪两重封锁中，荒情又特别严重，余厝洲党支部为解决群众生活问题，一方面以游击小组为核心扩大组成生活互助组，把村中男女都发动起来搞副业生产，另一方面则领导党员和革命群众秘密开展打击汉奸、地霸的斗争，没收他们的不义之财，解决群众的生活问题，使党组织与人民群众建立了血肉关系，得到了群众的衷心拥护。

（2）加强党的组织建设。由于反共高潮的到来，1940 年春，党支部贯彻中央的指示，精简、巩固党组织。同年夏天，支部又开办党员训练班，由县、区委领导人周礼平、汤诚、陈锐志等亲自主持讲课，参加学习的共约二十多人；学习内容主要是党的基本知识和阶级教育，采用理论和实际相结合的办法，引导农民党员坚定革命信心，为实现党的最终目标而奋斗。之后，党支部又继续发展陈通杳等一批在革命斗争中涌现出来的优秀分子为党的新生力量，加强了党支部的战斗力。

在这前后，党组织有计划地发展据点周围党的力量。1940 年初，李习楷在江东的洲东下埔发展了归国抗日的黄名昌入党，之后又发展黄老弟、黄燕弟等，建立了党支部，黄名昌任书记。他的哥哥黄名贤、嫂嫂王菊花和母亲也热情投入革命活动，这个家成为党的一个隐蔽点，一直坚持至解放战争时期。随后他又发展洲东村的青年蔡瑞兴、蔡金祥等入党。亭头村党组织由蔡瑞兴去发展，支部书记林杜桐。东凤方面，南光书店老板陈光远，自 1936 年起即与李习楷认识，后经李教育，于 1941 年初被吸收入党。此后，南光书店和陈光远的家，一直成为党的一个隐蔽点。

（3）掩护和配合武装小组，开展敌后武装斗争。1940 年春，汕青游击大队在国民党顽固派的压迫下解散，党把主要的武装骨干组成两个武装小组，分赴潮普惠和潮澄饶。潮澄饶这个组（后叫敌后抗日游击小队），开始是隐蔽在国统区澄海的南徽和梅州。同年五月，澄海"合昌坪事件"发生后，武装小组处境困难，中心县委决定将武装小组转移到沦陷区隐蔽，并交由周礼平领导，并决定以余厝洲为武装小组的立足点，在这里休整生息并补充兵源。七月，党派李亮来负责武装小组的党小组长，经过一番艰苦努力之后，武装小组初步建立了指挥系统，以余厝洲为中心，西前溪、洲东、下埔、冠山为转动点，开展锄奸除暴的斗争。1940 年至 1941 年，武装小组惩治了冠山日伪维持会长郑菊人、击毙洪渡头三名横行作恶的日伪密探，枪决华富乡日伪维持会长陈富泉，有力地打击了日伪汉奸的凶焰，大长人民武装的威风，把敌后斗争推向了新的阶段。

（三）坚持斗争建立"革命一老家"

上中区委负责人陈锐志、张震先后于澄海被日伪密侦逮捕，敌后县委委员许芳伟和陈培志、杜脣扬等在江东急水被国民党便衣逮捕。1942年三四月间，原游击队员刘华（刘维纲）在汕头市叛变投敌，出卖组织，汕头市党组织遭受严重的破坏，市工委书记蔡耿达和他爱人马雪卿（负责妇女工作）等十多名党员和革命群众被日寇宪兵司令部逮捕。5月26日，中共南方工作委员会组织部长郭潜被捕叛变。潮汕地下党面临严峻形势，上级党组织贯彻"隐蔽精干，长期埋伏，积蓄力量，以待时机"的方针。在此期间，留守潮澄饶汕县委机关的周礼平在佘厝洲村领导和指挥潮澄饶敌后抗日游击队继续开展打击敌、伪、顽活动。周礼平从实际出发，加强队伍内部建设，运用灵活多变的战术开展斗争，在原敌后抗日游击队中挑选出陈应锐、李朝道、蔡子明、李亮、李习楷、许杰等骨干组成"基干小组"，作为武装斗争核心力量，并逐步吸收一批经过斗争考验的党员和基本群众作为不脱产组员，有军事行动召之即来，无军事行动时隐蔽生产。是年，以佘厝洲为立足点的"基干小组"大量进行筹枪、筹款斗争，先后收缴枪支100多支，黄金近100两，还有现金、外币、布匹、衣物，这些物品通过地下交通线源源不断输往上级地下机关，解决了南委和潮梅特委领导机关的给养和经费问题。

1943年，隐蔽在佘厝洲坚持敌后武装斗争的队伍在大旱、饥荒的艰苦环境下，坚持发展至50多人，并建立了两条由佘厝洲出发的交通线：一条经磷溪、文祠、凤凰至饶平的羊较埠圩，与闽南交通线相接，全长120公里；一条经归湖至丰顺隘隍与梅州的交通线相接约80公里。

1944年，抗日战争进入反攻阶段。10月，中共潮澄饶汕党组织负责人周礼平在佘厝洲召开潮澄饶汕党的领导骨干会议，传达上级关于恢复党组织活动，全面开展游击战争的决定。11月，周礼平再次在佘厝洲召开领导骨干会议，研究加快发展抗日武装问题，并先后在江东横杭、上湖和澄海冠陇开办武装干部训练班。此后，佘厝洲村武装小组已公开化，上湖、西前溪、洲东、下埔等村相继有抗日武装活动。5月至6月，武装队伍在佘厝洲集结，先后奇袭彩塘日伪警察所、区公署和联防队，攻打东凤日伪警察所，大获全胜，振奋人心。自1939年至1945年，佘厝洲是潮、澄、饶、澳、汕的革命指挥中心，一直承担了中国共产党的潮澄饶澳汕领导机关的安全保卫、通信联络和物资供应等任务。虽然屡遭敌伪及国民党顽固派的袭击，但县委机关始终没有受到损失。该村李炳顺等7位同志先后在战斗中牺牲。佘厝洲被称为"革命一老家"。

二、 解放战争时期

抗日战争胜利后，蒋介石不顾人民的和平要求，发动全面内战，中国共产党领导人民展开伟大的解放战争。佘厝洲村在党的领导下，继续开展斗争，成为接送兵员、支援凤凰山革命根据地的重要交通枢纽，继续发挥"革命一老家"的作用。

江东地下武装多次袭击敌人据点，为凤凰山革命根据地筹措粮食、武器、药品、经费，传递军事情报，护送过往人员。1945年12月，中共潮汕特委委员、潮澄饶县委书记吴健民在佘厝洲召开武装骨干会议，贯彻上级决定，部署分散隐蔽革命武装事宜。1946年1月，改编后的韩江纵队第一大队（后改称为潮澄饶游击队），奉命从八乡山开回潮澄饶进行隐蔽活动，游击队的指挥设在潮安江东佘厝洲。1945年，队伍经常沿着抗日时期建立的地下交通线，来往于揭阳的五房山和潮安的佘厝洲。这条交通线从佘厝洲出发，经枫溪的英高厦村至揭阳的云路，经牌边到达五房山，还可经五房山往大北山的韩纵司令部。这是一条从抗日时期保留下来的地下交通线，也是解放战争初期潮安平原地区的地下交通线，它沟通了潮澄饶平原与五房山和大北山以至丰顺八乡山的联系。村党支部负责人李诗铭带领党员群众掩护革命队伍。这时间，潮安县党组织先后安排一批党员和进步分子到江东的独树、谢渡、井美、红砂等村的学校隐蔽，以教书或当校工为掩护，扎根群众，广交朋友，建立地下活动点。

1948 年，为了沟通凤凰山革命根据地与平原的联系，党组织在江东开辟了汕头—江东—山地的地下交通线，入伍的青年学生、回国参加革命的华侨以及情报、物资大都经过这一交通线输送上山。同年 1 月，余厝洲建立新民主主义青年团组织，团员 30 多人。3 月 7 日，洪之政借搜查共产党人为名，带兵"围剿"余厝洲村及横坑村。游击队员赵圆在突围中牺牲，横坑村民隆婶遭枪杀，游击队员彭八被捕。4 月 25 日凌晨，中共潮澄饶丰武工队第四突击队部分人员在江东横坑村遭洪之政部包围，班长阿圆（董尚豪）不幸牺牲，其他突围出去的同志，又接受了新任务，继续战斗。

6 月，洲东下埔交通站被敌人破坏，该站负责人黄名贤及其妻王菊花、堂弟黄木坤被捕，受尽酷刑，坚贞不屈，严守党的秘密。后连同其未满周岁的幼子被凶残的敌人活埋于澄海隆城。8 月 26 日傍晚，潮澄饶丰人民抗征队第四突击队十多人在中共平原工委配合下，从余厝洲出发，突袭井美村内伪江东乡公所，收缴长短枪 22 支，弹药及物资各一批，一举捣毁江东乡公所，有力地支援了凤凰山革命根据地的反"围剿"斗争。

1949 年农历正月十三日，地下党领导人在余厝洲"凉房"部署工作，不料撞见国民党催粮兵撞人，即发生武装冲突，国民党兵先落荒而逃，随后带人杀回，而地下党人早已趁势撤出村外。敌人只好捣坏桌椅及器具出气，并抓走邻居保卫婶。农历七月十六日，洪之政部下陈汉英率兵围谢渡村，地下党情报员谢正主及另外 3 名村民被杀于村前堤边关脚处。4 月，以邱河玉为书记的中共潮安县工委成立，机关设在江东井美村，同时建立了由县工委直接领导的江东武工小组，负责江东的武装斗争。5 月，红砂等村先后建立了新民主主义青年团支部。团支部带领青年进行搜集情报、筹款筹粮和防奸肃特工作。平原许多情报源源不断地通过地下交通线送往根据地领导机关。江东妇女缝衣组秘密为部队赶制军服，积极支前。江东人民战胜无数艰难困苦，坚持革命斗争直至潮安县全境解放。

余厝洲是潮澄饶革命斗争的一面光辉旗帜，孕育着广大干部群众的深厚阶级感情，为潮汕地区的革命事业作出了巨大贡献！

紫凝轩

潮汕铁路线上武装斗争的红色据点

枫溪区英塘村紫凝轩书斋是抗日战争时期潮汕抗日游击队、广东人民抗日游击队韩江纵队第一支队据点。

紫凝轩始建于明末清初，坐西向东，占地面积1 150平方米，灰瓦平房结构，位于广东省潮州市枫溪区英塘村，是潮汕抗日游击队员王炳荣及其族内宗亲居住场所。

1939年8月起，因英塘村是潮汕铁路线上平原连接山区之处，且紫凝轩处于村缘，可退可守。潮汕地下党组织利用此有利地形创建党领导的抗日武装平原地下活动据点、秘密联络处。紫凝轩历经抗日战争、解放战争一直作为潮汕党组织地下革命活动点直至潮州解放。它作为潮汕铁路上武装斗争的红色据点，承载着枫溪英（塘）高（田）厦（厝）地下革命斗争的史实。

一、紫凝轩以独特的地理位置，成为创建革命活动据点的首选

抗日战争时期潮安县大和区的英塘、高田和厦厝三个村落（现属潮州

市枫溪区英塘村、高田村和厦厝村），位于潮汕铁路线的东西两侧，在枫溪镇与乌洋山之间，北距潮州城六公里，东离韩江南堤约两公里。村民大多数务农，周围村庄密集，耕地面积极少。

英塘周围各村从大革命时期兴起的工农运动为创建紫凝轩革命活动据点打下了坚实的群众基础。

1925 至 1927 年间，方思琼（方方）等同志在此及毗邻的乌洋村组织农会，领导农民与地主剥削阶级斗争，策应周恩来同志领导的东征军。1927 年 4 月 12 日，蒋介石叛变革命，白色恐怖笼罩了潮汕。"潮州七日红"以后，敌人放火烧掉了乌洋及西边等村，大批农会骨干和积极分子被迫逃往南洋，西边村的县委委员陈宗如（又名陈钦孟）被国民党李映高侦缉队杀害。轰轰烈烈的大革命运动虽然失败了，但是革命的种子却在英、高、厦三个村的农民群众中扎了根。

"七七事变"之后，日寇全面侵华。全国各族人民，在中国共产党领导下，进行了大规模的抗日斗争。1939 年 6 月下旬，潮安沦陷后，日寇盘踞潮州城，同时在护堤公路沿线设立据点。当时韩江边云步乡四甲村有日军驻扎在法光寺南侧的太原旧家，也成了敌人的重要据点。与其相邻的英塘等三个村及周围乡里，成了所谓"缓冲区"。这些乡村各被日伪洗劫，村民苦不堪言。英塘、高田、厦厝三个村的革命斗争蓬勃开展起来。

三个村鼎足而立，又刚好处在原潮安县三个行政区划的交界，东距韩江不到两公里，过江便可通联江东、磷溪区和澄海，北接潮州城，南濒乌洋山，距桑浦山不远。西南十多公里，便是与揭阳交界的杨铁岭支脉，由此绵延直通小北山，在地理形势上讲，起着承接各方的作用，加之群众基础好，对敌消息灵通，周转方便，确定设立据点，能沟通各地。从 1939 年开始，历经抗日战争、解放战争等各个时期，虽经波折，红旗不倒，三个村成了中共潮汕组织在平原敌后的一个重要的、可靠的秘密活动堡垒。三个村的人民，在党的领导下，开展了不屈不挠的斗争，为潮汕平原的地下革命斗争写下了光荣的一页。

二、 以紫凝轩为秘密据点开展的抗日游击斗争活动

"七七事变"后，日寇扩大了侵华战火。此时，党中央发表了抗日宣言，带领全国人民同侵略者进行艰苦卓绝的斗争。日寇侵占潮汕时，潮汕平原也燃起了抗敌的熊熊烈火。西安事变后，国共进行了第二次合作。1939 年 7 月 7 日，中共潮汕中心县委领导的潮汕青抗会成员在桑浦山宝云岩成立汕头青年抗日游击队，在国共合作的情况下，以华振中带领的驻潮汕警备部队国民革命军第十二集团军独立第九旅搜索队名义，开展了武装抗日活动。

英塘村农民王炳荣，利用农闲时间，收购"旧铜锡"（潮汕用语，指破烂），在凤塘的浮岗、凤岗一带，接触了这支队伍，在那里参加了汕青抗日游击队，回乡秘密宣传抗日。

1939 年 9 月中旬，独九旅搜索队进驻了这一带。队部设在距离高田村只有几百步之遥的官寮桥村。英塘、高田、厦厝和附近的全福村、白塔村等，也分别进驻了队伍。当时的领导人有政治委员卢叨，队长罗林，副队长黄玉屏，秘书王珉（原来卢叨兼任，因他是当时中共潮汕中心县委的军事部长，队伍进驻时，王珉任秘书），另一副队长吴铁锋，是国民党派来的。搜索队下设四个分队。搜索大队在这三个村分别驻了一、三、四分队，第一分队队长陈刚予，第三分队队长许瑛，第四分队队长洪勉文，还有一个侦察班，班长陈忠心。

在英塘，经过王炳荣的秘密串联，有王宏昌、王瑞钦、王亚蟹、王大道、王尔来、王妹顺、王潮希、王合乾、王尚猛、王妹弟、王木昌、王维标、王茂坤、王洽成、王天光、王天树等 17 人组成的地下情报组。情报组利用上城上圩的机会，收集潮州城和驻云步村日军的活动情况，经由侦察班的刘永涛、李朝道等向上汇报。厦厝村的陈潮木、陈亚粗、陈荣乾、陈龙声等也先后参加了活动。学校的学生们也都踊跃参加宣传活动。此间，他们还曾在夜间分别于云步、阁洲村附近，骚扰了敌人。

1939 年 10 月 7 日，游击队经过多次的侦查和周密的计划，派黄玉屏带领侦察班，由王炳荣带路，身藏短枪、手榴弹，化装成农民挑东西往云步市做买卖，伺机活捉日军。又派林克清、许瑛等带一、三分队，由情报组人员带路，分别埋伏于与云步、英塘隔乡的洋头村、东边村等处策援。上午 9 时许，日军伍长加藤始助一个人离开营房到云步柴圈铺巷集市喝酒。李朝道等上前将他抱住，加藤拼命挣扎。此时，王炳荣冲上前去，在他鼻梁上用力点了一下，他立即不省人事，李朝道和王炳荣当即向群众借了一只木梯绑后扛走，第二天即押送至独九旅旅部。此次行动，会拳术的王炳荣起了重要的作用。当时游击队得到了国民党第七战区司令余汉谋的嘉奖五百银圆和独九旅华振中旅长增加的嘉奖五百银圆。王炳荣在这次行动中立了第一功。

11 月 14 日（农历十月初四），得知日军准备进攻乌洋山，三村地下武装队奉命随队伍从高田村出发，隐蔽在距乌洋山一里多的洋头村田间一带，侧击企图进攻乌洋山的日军。是晚，日军撤走，遂解乌洋山之围。当时英塘村群众几乎全村出动，挑麦粥、番薯汤等到阵地上去，并帮助转移伤员。

1940 年 1 月 2 日，驻潮州城日军与驻云步日军兵分两路，夹击乌洋山。我方哨兵发觉，鸣枪报警。游击队登山与日军激战三小时。后由于敌众我寡，只好撤下乌洋山，利用蔗林等作物掩护进行转移。日寇占山后，怕我方反击，当天下午复又撤退，游击队则移驻浮洋仙庭村。

是役，游击队第三分队队长许瑛，因掩护队伍撤退，在蔗林中负伤，后送独九旅后方医院治疗，被国民党反动派军医杀害。

1 月 25 日，为打击敌人的嚣张气焰，游击队于夜间奔袭阁洲，打击由投敌叛变的许宗丑（即许映月）所领导的汉奸组织"阁洲自警团"。参加游击队活动的三村人员，利用熟悉地形，对东边、安南庙、客仔寮（现称新安）等地进行袭扰，牵制住潮州、云步之敌，保障了战斗的胜利，缴获了敌人武器一批。

1940 年农历二月初一，游击队自仙庭村开始，与企图全面扫荡的日军激战数日，后逐步撤至揭阳官硕，掩埋了在仙庭牺牲的谢龙，利用周围山地、丘陵，与敌周旋。当时潮汕铁路线也陷入敌人魔掌，日寇所到之处，奸淫烧杀，无恶不作，枫溪、白塔、凤塘等地被焚。日寇又把据点推到枫溪镇内、李厝尾、官寮桥、山边山、沟尾、湖美、乌洋山等地，并设分队部于官寮桥村。英塘村界也驻了联防队。

不久，国民党反动派掀起第一次反共高潮。是年 4 月，游击队被迫于揭阳县北洋乡解散。英塘、高田、厦厝三个村随从队伍的人员，也全部回乡隐蔽。由于党组织及时主动疏散安排，挫败了敌人企图寻找机会消灭游击队的阴谋，并将这支武装力量安全转入地下。

英塘、高田、厦厝三村队员回家后，大部分从事农业生产，等待与组织联系。黄振银后来改投独九旅。独九旅中的顽固派发现他参加过游击队而将其杀害。

1941 年至 1942 年期间，三村的活动基本处于停顿状况，而日伪、汉奸等却加紧对这三村进行镇压。英塘村参加游击队的王天树、王亚蛹、王宏昌等四人，被汉奸王亚粿、王飞雄发现（两人均为四甲村人，在其未投靠日寇以前，王天树等想通过他们了解四甲村情况）。所以他们带敌前来逮捕王天树，同时从王天树家中搜出手榴弹两颗，交日寇宪兵部杀害，厦厝陈荣乾也被王飞雄抓获，押解到汕头杀害，尸抛下海。

1942 年夏，中共南方工作委员会受到破坏，上级党组织决定，潮梅党组织停止活动。三个村与党组织的联系完全中断，但游击队员互相鼓励，严守秘密，同时注意同周围群众联系，终于度过危险时期，等待着新的斗争。

1943 年 9 月，潮澄饶武装基干组组长李亮同志化装来到英塘，住在紫凝轩王炳荣家内，他以合股开米铺卖米（挨砻粜）作掩护，逐步考察了解，准备在这三个村整顿队伍重建据点，开展地下斗争。

当时，英塘的封建宗派势力比较猖狂，对我党工作是一个严重的威胁。为了扫除开展革命活动的障碍，李亮到保长家便径直前往其儿子开设的玉班米铺，要玉班老板带路去找王炳荣，后又通过王炳荣找他谈话，使他们不敢胡作非为，保证革命工作得以顺利开展。后来继任保长的王亚奶是贫苦人出身，平时办事不会胡作非为。李亮就对他做思想工作，并通过参加工作的王炳荣、王天光（王亚奶的侄儿）争取他，了解到他有时生活困难，就拿钱、米去接济他。

不久，李亮又同样以做生意的方式，与陈潮木等接上关系，恢复了厦厝村的活动。他们一方面对封建势力做统战工作，陈述利害得失；另一方面又采取一些强制措施。为了使他们不给抗日活动造成危害，李亮又通过陈潮木让保长陈妹娘收拾一间房屋，专门供来往同志住宿，要他保证安全，同时威胁他说，他的大儿子也记上名了，使他不敢轻举妄动。

当时，经常来往此地联系工作的有黄赤古、许杰、陈汉等同志，还有邱二兴等同志经此来往于平原和山区之间。

1944 年初，随着斗争的深入发展，英塘、高田、厦厝三村的战略位置也日见重要。英塘、厦厝事实上已成了地下武装活动的据点，并通过厦厝陈潮木等的工作，逐渐扩展至高田村。当时，除接上关系的王炳荣、王天光、陈潮木外，参加活动的有英塘王英武、王金镇、王维标、王瑶泉，厦厝陈长、陈亚粗、陈吉利等，还有王秋得、王松利、王永权、王秋锦、王木昌、陈龙声、黄木正、黄焕然、黄裕深、黄锐锋等一批人，此阶段的任务是：传递情报，接应过往同志，筹集运送枪支、弹药，发展组织，为小北山山上的武装斗争服务。

1945 年 2 月，党组织调王天光、王维标参加武装干部训练班。

5 月 6 日，潮澄饶抗日游击队奇袭彩塘日伪警察所和乡公所。

6 月 19 日，又袭击了东凤日伪警察所及税务所，镇压了汉奸反动派，缴获枪支，三个村除武装人员随队参加外，还负责破坏交通，剪断电线，断绝敌人联系，分别剪断了从古板头雨亭到浮洋西沟村前和护堤线东田前一段电线。

三、 潮澄饶人民抗日游击队汇集英塘后转移小北山

1945 年 8 月，抗日战争进入决定性阶段。根据上级关于成立广东人民

游击队韩江纵队的指示，潮澄饶抗日游击大队队员到此集合，由中共潮澄饶县委书记周礼平带领北上潮安登塘居西溜山地，成立广东人民抗日游击队韩江纵队第一支队。

8月8日（农历七月初一）晚，第一批队伍从各地分别赶到英塘王炳荣的大院集中。由中共潮澄饶县委书记周礼平和游击队领导骨干李亮、陈维勤等带队，连夜向位于潮安、丰顺、揭阳的登塘居西溜（此队伍后来改编为第三中队）出发。8月12日（农历七月初五），第四中队（在山下有此番号），在高田村集中，由许杰、余锡希、许鹅（当时化名白弟）、许务等带队，当晚也上了山。这三个村跟队伍上山的有：第一批王维标、黄锐锋、陈吉利；第二批王英武、王金镇、王瑶泉、王木昌、王松利、黄裕深。两批队伍由王天光带路，在居西溜成立了广东人民抗日游击队韩江纵队第一支队。此阶段高田据点也已设立，有关人员离家后，三个据点分别由陈潮木（厦厝村，原负责人，未上山）、陈秀凤（高田村）、王天光（带队上山后回来与王炳荣交接，王炳荣上山）负责。

8月17日（农历七月初十），队伍在居西溜被敌人包围，战斗十分激烈，损失严重，支队长兼政委周礼平等牺牲后，李亮任支队长，决定把队伍转移到敌后，避免被敌人进一步包剿。三个据点接到通知后，立即组织人力，到孚中村外去接人，于农历七月十四夜间到达英塘村王炳荣家大院、高田两个据点掩蔽。

队伍与国民党顽固派发生激战失利，周礼平牺牲，吴健民接任"韩纵一支"政委。他到紫凝轩书斋等安插战士并整编部队，随后李习楷把队伍带回中共潮澄饶县委所在地江东佘厝洲自己家中。

在居西溜战斗负伤的14名伤员，被安排在王炳荣家和黄锐锋家里治疗。后来，在高田村黄锐锋家治疗的伤员又转移一部分到厦厝村陈潮木家，党组织派董曼来高田与陈秀凤一起护理。后伤员逐渐转移，伤势严重的蔡四（化名亚目）同志，在高田住治时间约两个月，几次奄奄一息，经护理人员及革命群众多方救治，方免死亡。在伤员治疗期间，钟声受组织派遣，化名刘大夫，到这里看望伤员，了解情况。

由于来往的人员众多，伤员隐蔽时间较长，引起了周围敌伪驻防的注意。四甲村联防队长王亚横，带领日寇突然包围了英塘村，抓了保长王亚奶，把大刀架在他的脖子上，威胁恫吓，要他交出游击队伤员并说出村内谁通共产党，交不出就砍他的头。由于平时注意做王亚奶等人的工作，又帮助他解决一些生活困难，所以他在关键时刻能站在人民一边，始终不承认村内有人参加共产党和有伤员隐蔽。敌人搜查不出什么，只好撤走，后来，他们又把王亚奶叫到乡公所，直接指名说："你村王炳荣参加共产党，你要交出来。"王亚奶抓住户口册中无王炳荣之名（实为王飞游），咬定村中没有王炳荣这个人，敌人翻户口册一查果然没有，只好作罢。王亚奶回来后，立即通知王炳荣，叫他暂时外出避一避。

为了安全，厦厝及高田立即与组织联系，决定将伤势还很严重的蔡四立刻转移，便派黄焕然、陈亚粗背着他，在其他同志掩护下，连夜通过敌人封锁线，至上埔渡头（即鲤鱼前渡口），交由组织派来的人安全接转。

由李习楷带走的队伍，后经溪口上凤凰山，当时王炳荣、王英武、王金镇、黄锐锋、陈吉利等随队伍上了凤凰山。这支队伍后由吴健民、李亮、陈维勤、吴元成、陈子诚等带领，开往八乡山，汇合古关贤带领的队伍。无上山的同志，在三个据点中，先转移了游击队留下的枪支，继续开展敌后斗争。

四、 解放战争时期紫凝轩主人感人的故事

1946 年春天，党领导下的两广纵队（华南游击队）在党中央命令下，为顾全大局而实行北撤。北撤前夜，李亮夫妇和郑伯英夫妇来到英塘布置地下斗争工作，第二天便离开了。

1946 年 6 月底（农历五月二十七日），英塘王炳荣家先后来了四位同志，陈鹏志、林绍明、周锡桐先到，随后是许燐炯（许务）。由于叛徒告密，带敌进乡围捕革命同志。当时，陈鹏志冲出敌围脱险，许燐炯在危急中藏到王炳荣家内房楼顶，19 岁的林绍明及周锡桐被捕，敌人还抓住王炳

荣的妻子陈婵清，绑住她的两个拇指，把她吊在其家中房梁上拷打，又施以淹刑，循环往复。敌人要她供出村内还有谁参加共产党、另外一人藏在什么地方等。这位多年来支持丈夫参加革命，丈夫出门时代为接待同志，也曾到外地护理地下武装伤病员的农村妇女，尽管被轮番折磨，遍体鳞伤，但仍坚贞不屈，全推说不知道。她在关键时刻保守了党的秘密，保护了同志生命，使村内的革命力量不受损失，让厦厝、高田和江东李习楷家三个据点也得以保存。林绍明、周锡桐被押往潮安监狱，后惨遭杀害。

敌人还不死心，以此为威胁，使英塘村内人心惶惶，为了保存革命力量，保护群众的生命财产，英塘抓住敌人贪财的习性，卖去 11 亩土地，通过枫溪伪保长柯育及驻于枫溪三山国王庙的黄哲明部下一个姓崔的队长，销了此案。

此阶段英塘据点暂时停止在王炳荣家的活动，转到王英武、王长安家的楼顶，并仅参加外线斗争；在村内，则保持表面的平静，据点工作转到厦厝、高田。不久，黄锐锋由组织调到大和区第四中心小学，以读书为名义，配合隐蔽在该校教书的张国光工作。在校期间，他们发展了谢忠良、谢岗、谢勋、谢礼春、蔡裕、蔡钦洪、李广、李绍等人，后由李绍再发展李松业、李行兴参加地下斗争。

1947 年国共和谈破裂，蒋介石又向各解放区发动进攻，当东北、华北一线的人民解放军由战略防御转入进攻时，他又想以华南为依托，做垂死的挣扎，于是加紧对我方革命力量的"清剿"，由于形势越来越险恶，高田、厦厝两个活动据点也相继进入秘密状况。

1948 年春，由于叛徒出卖，农历二月初七夜，国民党蔡志阳刑警队进入厦厝，围捕了陈潮木、陈长、陈合想三人。一星期后，陈合想被放回。陈潮木、陈长被囚于潮安监狱。在狱中，陈潮木等遇到于外地被捕也因在此处的陈汉、陈焕新同志。他们从生活上支持陈潮木等，也鼓励他们严守秘密，坚持斗争。他们相互鼓励，在敌人严刑拷打下不屈服。后来，陈潮木被押往澄海东里，又遇到陈焕新。陈焕新向他透露了人民解放军即将渡江的消息。要他通知家中不惜任何代价争取营救大家出狱，将来为党多做工作。陈合想出狱后，于 1949 年 3 月，与谢忠良、王森松等通过北坑联络站，上了凤凰山。

在陈潮木等人被捕后，党组织领导人李诗铭、余仰韩决定，从海山调来黄锐锋，加强尚未暴露的高田点工作。厦厝点则从原来陈潮木家转移，由陈倭子负责。他们一方面设法营救陈潮木等人，另一方面再发展英塘、高田、厦厝三村的地下力量。黄廷森等一批同志参加地下斗争。

至 1949 年 2 月，在我多方营救下，敌人又无法从陈潮木、陈长口中抓到任何证据，经过王炳荣做工作，由保长王焕庭出面作保，把他们放回。此次，除组织筹集一些资金外，陈潮木家卖去 2 亩 7 分田。

为掩护汕头的卓积基警备教导队学员起义，地下据点奉命从王炳荣先前埋藏的武器中，调出长枪（原使用短枪不足以打牵制仗），派黄锐锋、王天光、谢忠良等到潮州城外，于城郊的北门至南较场一线游动打枪，以游击形式虚张声势，牵制驻潮之敌，使之不能派队伍去截击起义学员。

在全国形势大好转的推动下，潮汕敌我之间的力量发生了很大的变化。形势于我方越来越有利，我地下党根据南方局"放手大搞"的指示，相继成立平原敌后武工队和地下民兵。此时上级调王炳荣、王天光、黄锐锋回"上铁武工队"，高田作为平原活动的一个重要据点，由地下中心县委邱河玉、上铁区委李诗铭直接领导，为了防止敌人破坏，地下中心县委把高田站改名为"生沙母"（代号）。此时，据点正常联络工作由李婵英负责，同时，于有重要接转作用的云步市增设了情报站，情报站设在云步市头护堤公路西侧黄深荣的萩草铺中，由黄深荣负责。当时，周围的活动点已扩展到山边、李厝、凤岗、枫洋、枫溪、全福、东边、洋头、云步，不少村已组织了地下民兵。为了更好地以合法身份进行活动。英塘据点还做保长王焕庭的工作，由他以组织守青队名义，从伪乡长那里领来证件，而守青队长则是地下同志王英武，人员多为地下民兵。守青队名为守青，实则为地下活动值岗放哨，还把筹集到的资金、粮食等通过各条渠道，输送到游击队手中。

10 月 22 日，潮安解放后，英塘、高田、厦厝全体革命同志和民兵受军管会派遣，发给枪支，由黄锐锋带领，配合区长曾传钦、政工队长梁栋，以及李戴清、郑南华等，接收了浮洋伪联防六队（队长周传坚）的武装，接管了伪乡公所，成立了潮安第六区人民区公所。自此三个村的人民在共产党的领导下，积极投身社会主义革命和社会主义建设。

紫凝轩是一处具有深厚革命历史的遗址。无论是在抗日战争时期还是在解放战争时期，紫凝轩都充分发挥其作为红色据点的作用，承载当地的革命活动。如今紫凝轩开辟为枫溪革命史展览馆，成为潮州市中共党史教育基地、枫溪区中共党员教育基地。

凤凰山革命根据地

凤凰山，主峰海拔 1 497 米，位于潮安、饶平、丰顺、大埔四县边界，东北经飞龙径通饶平县城的三饶镇，西北经长龙岭通大埔的高陂镇，西经盐坪径渡韩江可达丰顺的隬隍市，南经飞凤径及牛牯峯通潮州城，东南经华园径抵饶中的浮山圩。地势险要，隘口集中，是开展平原游击战争的可靠依托。新民主主义革命时期，中国共产党领导的武装力量利用这里的地理优势，形成一个倚山临海、山地与平原互为依托、互相呼应的十分重要的红色战略区域。

1927 年，"八一"南昌起义军进军潮汕，各县农军与反动派进行了多次浴血奋战。但由于力量悬殊，在国民党反动派的疯狂镇压下，各地的武装暴动先后都失败了，潮澄饶党组织严重受挫，但"野火烧不尽，春风吹又生"，党的组织仍然存在，共产党的主张和影响已在群众中扎了根，党员干部在斗争中得到锻炼，工农群众的革命热情并没有被扑灭。这为今后凤凰山革命根据地的建立奠定了基础。

凤凰山革命根据地是在长期的武装斗争实践中，经受了无数次从失败到胜利的考验，经历了土地革命战争、抗日战争、解放战争三个时期近 20 年的艰苦曲折斗争历程，才巩固下来，最终迎来全面胜利的。

土地革命战争时期

1930 年 11 月，中共闽粤赣苏区第一次代表会议召开，确定组建 7 个边界县（工）委，在国民党三不管的地方建立农村革命根据地。1932 年春，潮澄澳县委在加紧开展平原和城市工作的同时，作出开辟凤凰山革命根据地的决定，先后派陆益、陆广祥、文锡响等干部进入凤凰山周围的坪溪、白水湖、芹菜洋、镰仔湾、南坑等山村，宣传党的土地革命政策，介绍革命情况，激发群众的阶级觉悟，在此基础上秘密成立农会和赤卫队。经过半年时间，坪溪及白水湖一带 20 多个山村的农民基本上被发动组织起来，并培养了一批群众运动骨干。

同年，中国工农红军东江独立师第二团第三连（简称红三连）和潮澄澳特务大队成立。这两支红军部队，围绕建立和发展以凤凰山为中心的革命根据地，猛烈地开展游击战争，连续袭击隆都警卫中队、溪口警卫队和大水溪、火烧寮村的地主劣绅，缴获了一批武器和物资。

1933 年春，县委进一步加强创建凤凰山革命根据地的领导力量，任命文锡响为中共浮凤区特派员，并相继派陆位保、叶淑兰等一批干部进入凤凰山区。在主力红军的配合下，他们发动农民打击乡村警卫队，镇压反动地主豪绅，进行抗租、抗债、抗捐税的斗争，并取得节节胜利。通过斗争考验，吸收了山区一批积极分子入党，分别成立坪溪、白水湖、下埔党支部。七八月间，中共浮凤区委宣告成立，书记文锡响。接着，县委又抽调部分红军骨干，成立潮澄澳红军第二中队，队长吴元金。在浮凤区委的领导下，一场以土地革命为中心的疾风暴雨般的运动，在凤凰山区的大小乡村迅速兴起。90 多个赤色乡村组织了农会、妇女会和地方赤卫队。各村农民纷纷动员起来，斗地主恶霸，没收地主财产，各村的大地主或逃到县城，或服从农会管束。

随着革命斗争的深入发展，"围剿"与反"围剿"的斗争也日益尖锐激烈。年仅 16 岁的共青团员黄秋富被捕，英勇就义。针对国民党反动派的军事进攻，浮凤区委把群众和赤卫队组织起来，建立赤色联防，多次粉碎敌人的进攻。此外，浮凤区委还组织赤卫队配合红军挺出外围作战，不断袭击凤凰圩周围的后备队据点，从而粉碎了敌人对赤色乡村的"围剿"，使根据地得以巩固，为建立红色政权创造了条件。1934年4月，浮凤区革命委员会正式成立，主席黄芝固。

1934年秋，随着凤凰山革命根据地的不断巩固发展与大片山地新区工作的开展，潮澄澳县委迅速把工作重点从平原转向山区，党的领导机关和县委领导人陈信胜、张敏、陈耀潮相继进入浮凤苏区。10月，潮澄澳县委在浮凤区的坪溪杉坑倒插巷山寮，召开县委扩大会议。会上，陈信胜传达东江特委关于把潮澄澳县委改为潮澄饶县委的决定，陈信胜任潮澄饶县委书记。10月下旬，红三大队和特务大队从闽南回师浮凤，使根据地力量空前强大，武装队伍已集中达七八百人。是年冬，县委机关迁至大山的庵下村打埔輋。接着，潮澄饶革命委员会也在凤凰的叫水坑成立，主席陈耀潮。浮凤苏区成为凤凰山革命根据地的政治与军事中心。

1935年1月，潮澄饶县委在打埔輋村召开扩大会议，根据东江特委的决定，将县委划分为潮澄饶与潮澄揭两个县委。潮澄饶县委书记由张敏接任，并将主要力量集中在以凤凰山为中心的闽粤边山地，加强根据地建设。由于主力红军红三大队和特务大队回到浮凤区，根据地内敌我力量发生变化，县委抓住这一有利时机，大力发动游击战争，为浮凤苏区的分田、苏维埃政权的建立创造更好的条件。

同年2月，县委决定在浮凤苏区放手发动群众进行分田，建立苏维埃政权，以调动人民群众建设和保卫苏区的积极性。县区两级分别成立分田委员会，以白水湖为试点开展分田工作。是年四五月，全区有70多个自然村完成分田工作，在很大程度上调动了农民的积极性，使农民群众从中悟出一个真理，只有在共产党的领导下，才能解决土地所有制问题，实现耕者有其田。

7月初，潮澄饶革委会在庵下村后头埔举行浮凤区苏维埃政府成立大会，黄芝固任浮凤区苏维埃政府主席，秋溪、隆澄等区均派代表参加，到会军民 2 000 多人。会后，白水湖等 19 个村也相继成立村苏维埃政府。

1935 年 6 月，国民党第三军第九师邓龙光部攻陷大南山之后，纠合潮澄饶三县的地方反动武装，大举"围剿"凤凰山革命根据地。这时，由于县委采取了消极的防御策略，加上在内部清查"AB 团"，根据地逐渐陷入困境。在残酷的斗争中，潮澄揭县委书记陈圆圆、潮澄饶县委宣传部长文锡响、秋溪区委书记许若愚等在保卫根据地的斗争中壮烈牺牲。许多农会骨干和赤卫队员被杀害，人民又重陷苦难中。

8 月，邓龙光集中两个团和地方武装形成对浮凤苏区中心区域的包围，浮凤苏区被完全孤立。因力量悬殊，为保存革命力量，主力部队和县委于八九月间，先后转移闽南，在中共闽粤边特委领导下，坚持闽粤边三年游击战争，与闽南红军一起开辟了乌山根据地与饶诏边游击区，并积极设法恢复浮凤苏区。

红军撤离浮凤之后，敌人进入浮凤苏区，到处纵火烧山，搜捕革命干部，洗劫群众财产，枪杀红军干部家属，每个赤色乡村都惨遭浩劫。潮澄饶县委多次恢复浮凤工作的努力都以失败告终。直至 1937 年五六月间，闽粤边区特委重组潮澄饶县委领导班子，才恢复斗争，并一直坚持到抗日战争前夕。

抗日战争时期

1937 年卢沟桥事变前夕，在香港的中共南方临时工作委员派李平来恢复和发展潮汕地区的党组织。1937 年 7 月成立中共韩江工作委员会。翌年 3 月成立中共潮汕中心县委，书记李平。

1938 年 10 月中旬，潮汕中心县委在澄海的岐山召开中心县委扩大会议。当时到潮汕部署备战工作的中共闽西南潮梅特委书记方方也参加了会议，在会上提出"一切为了发动群众，准备开展抗日游击战争"的指示，党的工作重点从城市转移到农村、山区，建立农村与山区党的组织，并从战略上准备在凤凰山、桑浦山等地建立抗日游击支点，坚持敌后游击斗争。

1939 年 6 月 21 日，日军入侵。汕头市及潮安、澄海的平原地区大部沦陷。中共潮汕中心县委在严酷的形势下，于 7 月 7 日在桑浦山的宝云岩正式成立潮汕青年抗日游击大队，政委卢叨，大队长罗林。中共潮汕各级党组织积极领导和推动潮澄饶揭等各地成立群众性武装组织，支持汕青游击队抗击日伪军武装的行动。

1939 年秋，中共潮澄饶中心县委，调家住凤凰的李瑞婉、饶城的钱玩湘、浮滨的张文声、巫钦耀以及张旭华、黄薇等一批党员，到凤凰及周围地区开展工作。1941 年 1 月，在凤凰建立支部，4 月，扩大为饶凤浮中心支部。6 月与丰顺的蹓隍党支部合并成立饶丰区委，书记丘达生，组织委员丘逸群，宣传委员张旭华，妇女委员陈静。丘达生与王文波以东蹓张步防的家为立足点，秘密发动群众，由盐坪逐步扩大到大钱、茅、风吹岭、白芒輋及凤凰的苦竹坑一带；张旭华继续兼任饶凤浮中心支部书记，在凤凰、三饶及附城区的南联，发展农民党员，建立了党小组，准备进一步发动群众，建立抗日武装活动基点。

1940 年 11 月 7 日，为应对国民党第二次反共高潮，潮汕地方党组织按中共中央指示，将党委制改为特派员制。1941 年 1 月，饶平特派员钟声在凤凰听取了张旭华的汇报后，决定在饶中一带建立隐蔽斗争基点。1941 年 3 月，省立金山中学从沦陷区迁至凤凰复课，一批党员也转移至此。他们开展各种宣传活动，在群众中有很大影响。1941 年 9 月，潮饶边县特派员周礼平又先后派张震、许拱明为凤凰特派员，他们在南坑、凤凰圩、横村、林厝等村建立地下交通站，联结归湖狮头乡至新丰、羊角埠交通站，开辟了一条从敌后据点佘厝洲经凤凰到闽西与党组织联系的秘密交通线。1942 年 5 月，南方工作委员组织部长郭潜叛变，史称"南委事件"，根据中共南方局指示，各地党员暂停活动，隐蔽斗争，使党组织没有遭到破坏，并保存了大批骨干力量，而且从中培养了一批新生苗子。

1944 年，世界反法西斯战争转入战略大反攻，华南国统区恢复党的组织活动。10 月成立中共潮澄饶县委，书记周礼平、副书记兼组织部长吴健民、宣传部长陈谦，开始做恢复组织活动的工作，在凤凰山及周边地区，县委派陈谦兼任饶丰边特派员，先后恢复了东㙟的合口、盐坪、茅、大钱、仙丰、陂肚；在凤凰恢复了华强中学、金山中学等学校党组织。鉴于凤凰山重要的战略地位，周礼平于 1945 年 2 月，派陈汉任潮饶丰特派员，为在凤凰山一带开展武装斗争做准备。陈汉与凤凰的党员许拱明等，摸清凤凰各地地主豪绅私藏武器和国民党驻军情况，绘成地图交给党组织；他们又在凤凰山东南侧的坪溪一带，通过党员杨玉坤，发展农民刘春永等，成立地下军，并在坪溪的东里、凤凰的南坑、横村、凤凰圩、东赏等设立新的联络点，保持这些联络点至上饶交通线的畅通；又在凤凰各校进步学生中建立"祖国抗日胜利大同盟"；在凤凰山北侧的东㙟巩固和发展已经恢复起来的党组织，以张步防为联络员，发展至苦竹坑、官头畬一带。

8 月，广东人民抗日游击队韩江纵队第一支队成立，政委兼支队长周礼平、副支队长李亮、政治部主任钟声。17 日，支队在登塘居西㙟被国民党包围偷袭，周礼平等 11 名指战员牺牲。部队转到凤凰山根据地休整后，留下一支武工队继续巩固东㙟基点。

解放战争时期

1946 年夏天，盐坪村建立党小组。11 月，第二武工队在盐坪成立。周围各村也先后成立了民兵基干队和妇女会，初步形成了凤凰的游击基地，同志们亲热地称这里为"革命三老家"。

1947 年 5 月，中共潮汕特（地）委在大北山粗坑召开扩大会议，贯彻香港分局指示，决定以大北山为主要据点，以大南山和凤凰山为支点，南阳山和五房山为联络三山的转动点。同时，以反"三征"（反对国民党征兵、征粮、征税）为中心内容，深入发动群众，广泛开展游击战争。为加强山地武装斗争的领导，8 月初，成立中共潮澄饶丰山地工作委员会（简称"山工委"），书记陈义之，组织部长赵崇护，宣传部长陈维扬，山工委积极发动群众，组织武装队伍，打击敌人，建立凤凰山根据地。

1948 年 1 月 3 日，山工委在猪母髻召开扩大会议，潮澄饶平县委领导吴健民作半年武装斗争的总结，分析全国形势并传达上级的指示，决定成立主力部队，准备袭击凤凰圩。1月20日，潮澄饶丰人民抗征队独立中队（简称"独中"）和整编后的一、二武工队正式成立。第二武工队根据上级指示，大力向东㙍周围乡村扩展，一面伸进凤凰的官头峯（畲）和横村，建立基点村。21日，潮澄饶丰人民抗征队独立中队袭击凤凰乡公所并取得胜利，点燃了开辟凤凰山区革命斗争的火焰。与此同时，国民党以经济封锁、军事进剿围困凤凰游击基地。陈维扬、赵崇护、江秀卿等8位同志陆续牺牲。为了粉碎敌人的"围剿"，3月初，抗征队于凤凰山区五股（凤南乡）的三洲寮进行整训。3月9日，成立中共潮澄饶丰武装工作委员会（简称"武工委"），统一领导整个潮澄饶丰地方党组织和武装队伍，决定以中队、武工队为单位，采取梅花式散开或迂回跃进方式向国民党军事薄弱的地方突破。6月，潮澄饶丰边县委成立，书记张震，副书记兼组织部长庄明瑞，宣传部长陈义之。撤销山工委，将其工作并入潮澄饶丰边县委。接着，潮汕地委先后从大南山调潮汕人民抗征队第三大队长李习楷，又从大北山调抗征队第一大队长许杰到达凤凰山加强领导，从此，局面迅速打开。

8月，改潮澄饶丰边县委为潮饶丰县委，书记张震、副书记兼组织部长庄明瑞，宣传部长陈义之，妇女部长蔡初旭。根据上级的决定，继续发展地方武装力量，击退国民党的重点进攻，填补空隙地带，发展新区，扩大游击活动地域，建立凤凰山游击根据地。为了加强党对地方斗争的领导，于九、十月间，先后成立了中共㙍凤区委、饶中区委和秋荣区委。㙍凤区委领导东㙍和凤凰一带地区；饶中区委（现饶属）辖与潮安毗邻的坪溪、浮滨、浮山一带地区；秋荣区委负责领导大山、五股、登荣、意溪、秋水一带地区。㙍凤、饶中、秋荣区委的成立，是贯彻执行"普遍发展，大胆放手"方针，挺出外线作战，开辟革命新区的胜利，是凤凰山游击根据地形成的一个重要标志。

各区委在潮饶丰县委领导下，于10月间又先后建立了十二武、十三武、十四武、十五武，十六武等一批武工队。其中十三武在㙍凤区委领导下，以凤凰的大坪、老君溜为基点，向凤溪、赏春、虎头山和福山发展，与七武、十一武配合，形成对凤凰圩的包围，凤凰圩已成为一个孤立的国民党军事据点。十五武活动于凤凰山东侧的饶平县附城区一带。至 1948 年底，各地方武工队配合部队的反"围剿"，打击地方国民党基层政权，镇压反动分子，借枪募粮，组织民兵和民兵基干队，组织农会、妇女会、儿童队，并建立了一批"两面"政权。

潮饶丰县委为改善农民群众生活，广泛地动员广大农民群众起来同国民党反动派作斗争，在继续开展反"三征"的同时，于 10 月间颁布了减租减息条例，领导农民进行减租减息的斗争。溜凤区委在领导"双减"群众运动中，认真执行党的政策，在方法方式上采取了一些灵活措施。对于本地区的开明地主，在向他们说明道理和讲明政策之后按政策减租，或召开租佃双方代表会议，由武工队作为第三方主持公道，进行协商解决，做到各方都能够比较满意接受。

秋荣区委通过反复调查研究，听取群众意见之后，决定以早造失收缴不起全租为由，发动群众提出了"减早还晚"（实际就是减四还六）的口号。各村群众在积极分子带动下纷纷行动起来开展减租斗争。其他地区乡村的农民也相继开展减租减息斗争。反"三征"和减租减息斗争活动的开展，改善了农民群众的生活，大大提高了农民的阶级觉悟，他们拥护共产党，相信共产党的革命一定能够胜利，广大青壮年迫切要求入伍，踊跃参加民兵、运输队，革命情绪十分高涨。仅凤北、大山、凤山、凤溪等村，参加民兵的就有 400 多人（其中基干民兵 140 多人），凤南也有民兵 150 多人（基干民兵 40 多人）。广大民兵在党的领导下，遵守纪律，配合部队作战，打击敌人，保乡卫土，积极支前，为建立和保卫凤凰山根据地作出不可磨灭的贡献。

中国人民解放军辽沈、淮海、平津三大战役的伟大胜利，大大加速了全国解放战争胜利的进程。1949 年 1 月，中国人民解放军闽粤赣边纵队宣告成立，韩江支队正式编入"边纵"，序列为"中国人民解放军闽粤赣边纵队第四支队"，司令员许杰，政委黄维礼、副政委吴健民，政治部主任李习楷、副主任庄明瑞。

凤凰山根据地军民在党的领导和在全国革命斗争形势的推动下，经过1948年的艰苦斗争，粉碎国民党的军事"围剿"和经济封锁，人民武装队伍在反"围剿"斗争中得到锻炼和壮大。喻英奇的"剿共"主力部队、地方团队和国民党的基层政权，遭到严重的打击，力量削弱，后方空虚，士气低落，已难以组织大规模的军事进攻，被迫处于分兵把守的防御状态。他们在凤凰圩及凤凰山的外围设立据点，不敢轻举妄动，敌我双方形成相持局面。同时由于国民党对广大人民群众实行残酷的压榨和血腥的镇压，激起了广大人民群众的强烈反抗，国民党在潮安更陷于孤立。

凤凰圩是国民党军队在凤凰山区的中心据点，驻有饶平常备自卫第七中队、乡公所及凤凰乡联防中队（含福南、东兴、下埔3个联防分队）约110人，但凤凰圩周围大多数乡村已成为游击区。游击区的山村普遍建立了民兵组织，部分山村还建立了人民政权。韩江地委领导人经过研究，认为解放凤凰圩的条件已经成熟，决定攻打凤凰圩。战前，十一团进行侦察、调查和制订缜密行动计划，并由七武争取了下埔联防队副队长文长义和队员文集湖为内线。1月25日晚，在第四支队司令员许杰的指挥下，十一团各连、平原突击队和民兵秘密集结于离凤凰圩20多里的凤南龙舟坑。26日凌晨1时开始进攻。一路由突击队袭击驻圩西部寨门的下埔联防分队营地，在文长义、文集湖接应下，顺利占领该联防队的楼房，解除其武装，掩护主攻部队前进；一路由主攻部队从圩门外绕过敌人正面哨位，抄其后路迅速解除了驻于华强中学前部课室的自卫第七中队武装。其他各点守军闻警开枪。十一团采取全面牵制，集中火力逐个击破战术，以火力威胁并配合阵地喊话瓦解守军。黎明，驻守圩北桥头和石跳炮楼的坑美、后河两个联防分队相继投降，只有驻于乡公所及碉堡内的军队仍在继续顽抗。至11时许，在十一团强大火力攻击下，守军被迫缴械投降，凤凰圩宣告解放。此役，全歼凤凰圩守敌110名（计击毙5名，俘获105名）。缴获步枪80多支、驳壳和杂式短枪10多支、手提机枪2挺、手榴弹100多枚、步枪子弹8 000多发和其他物资一大批。凤凰圩的解放，彻底拔除了喻英奇在凤凰山区的中心据点，使凤凰山根据地连成一片，增强了军民夺取胜利的信心，为消灭凤凰山区外围据点提供了物质基础和经验。2月10日夜，11团冒雨奔袭文祠，拔除国民党反动派文祠据点，扫清了山区通往平原的交通障碍。

凤凰全境解放后，韩江地委为加强对凤凰山根据地的建设和领导，于4月中旬撤销潮饶丰县委，在凤凰下埔成立潮饶丰边县委和潮饶丰边县人民行政委员会。

潮饶丰边县委（代号"海平"）书记陈义之，组织部长邱逸群，宣传部长许宏才，妇女部长陈通杏。领导凤凰、溜东、登荣和饶中4个区委会。各区领导分别是凤凰区委书记林正怀，东区委书记张剑平，登荣区委书记曾传钦、副书记张化亮。

潮饶丰边县人民行政委员会主任许宏才、副主任陈可。县行委会设秘书、文教、民运、民政、政务、财粮和民兵治安等七个科。5月，又成立了潮饶丰边县民兵总队部和新民主主义青年团县筹备委员会。在县行委会的领导下，第一区（即凤凰区）、第二区（即溜东区）、第三区（即登荣区）人民民主政府宣告成立。一区区长文冠众，二区区长张剑平，三区区长曾传钦。

4月，中共韩江地区的党、政、军领导机关先后迁到凤凰圩周围各村。接着，县行委会及各区政府设址办公，行使人民权力，为人民办事。5月1日，县行委会在凤凰圩广场隆重举行五一国际劳动节纪念大会。18日，边纵第四支队在凤凰后河溪埔举行庆祝扩编成立大会和阅兵仪式，盛况空前。解放区人民热烈欢庆翻身解放做主人，到处呈现一派喜气洋洋、生机勃勃的新景象。

凤凰圩解放后，山区人民经过清算恶霸斗争和形势教育，掀起了参军热潮，并积极支援前线。7月1日，边纵主力和四支部队攻打溜隍不克。2 000多人的队伍转入凤凰休整，准备攻打饶城。凤凰人民全力以赴，做好后勤工作，直到7月7日饶平县城解放。

9月底，在潮汕地委潮澄饶分委迎军动员委员会的领导下，凤凰人民再一次掀起迎军支前热潮。县行委分配凤凰山区的任务是：组织常备民兵

2 000 人，柴草 2 万斤，慰劳品、肉 2 000 斤。但经各村宣传自报，大大超过了任务。同时，凤凰人民全面出动抢修安凤和隘凤道路，准备迎接南下大军。

10 月中下旬，潮汕各县市先后解放。潮汕地委潮澄饶分委和四支司令部等领导机关，离别了老根据地，分赴潮汕平原接管城市。部分基干民兵随队入城，协助机关部门担负警戒看守工作。至此，潮汕地区解放（除饶平钱东、黄冈、海山及南澳岛分别于年底至 1950 年一二月解放外）。

凤凰山革命根据地人民在中国共产党领导下，高举革命红旗，经历了三个时期，走过极其艰难曲折的战斗历程，面对比自己大数倍、十数倍敌人的军事"围剿"和政治迫害，他们运用灵活的游击战术和隐蔽斗争的巧妙手法，依靠人民群众，开展了山地与平原相结合的游击战争，最后战胜敌人。这正说明了凤凰山革命根据地人民及其子弟兵有着刚毅不拔的意志，所组建的部队都拥有中国工农红军的优良传统；所建立的党组织，在极为艰险的斗争环境中，经受锻炼，艰苦学习，加强自身建设，成为坚不可摧的战斗堡垒。在长达 20 年的革命斗争中，根据地广大人民群众遭到反动派多次"围剿"的烧、杀、抢、掠，付出了重大的牺牲代价，作出了重大的贡献。历史雄辩地证明了我党所领导的武装斗争，是正义的人民战争，我们要永远不忘记老区人民。

潮安华侨支援祖国抗战

20 世纪 30 年代，日本帝国主义为了摆脱经济危机，妄图独占中国，把中国变为它的殖民地，发动了蓄谋已久的侵华战争。侨寓海外的潮安华侨，虽然远离故土，却时刻关注着祖国命运。从 1931 年"九一八"事变，日军侵占沈阳至全国抗日战争的整个时期，他们和全国华侨一道，发扬了爱国反帝的光荣传统，冲破种种限制、阻挠，运用多种方法方式，以财力、物力和人力支援祖国神圣的抗战事业，作出可贵的贡献。

推销国货抵制日货　坚决打击日本经济

日本为了侵略战争的需要，20 世纪 20 年代便加紧向潮侨聚居的东南亚各地进行经济扩张，倾销商品，占据东南亚贸易市场。1931 年"九一八"事变以后，民族矛盾激化。中国共产党先后发表了反对日本帝国主义侵略的宣言、通电，提出"民族战争驱逐日本帝国主义出中国"的主张，在中国共产党的号召和推动下，全国迅速掀起抗日怒潮，展开了抵制日货运动。

广大华侨同仇敌忾，以民族利益为重，发扬爱国主义精神，声援国内抗日运动，纷纷提倡买卖国货，拒用日货，侨商、侨贩不顾个人商业上的得失，以自觉抵制日货的行动，援助祖国发展经济，增强实力。其时，适逢潮安内文里乡侨杨缵文在新加坡任中华部商会副会长，杨在倡导华侨买卖和使用国货方面，起着推动作用。"九一八"事变后的 10 月 15 日，新加坡中华总商会董事会议，即就该会原有国货陈列所应如何扩大案进行议论，决定："金以本国人用本国货所应尔，当此国势垂危，救亡之道，亦唯有推销国货，以挽外溢之利权，国货陈列所之扩大，应早日实现，俾我侨胞，得有深刻之认识，即决议函催上海市商会及分致国内各通商口岸市商会，代为征集样品，装运寄会。"1932 年 1 月 28 日，日本侵略军进攻上海，十九路军奋起抗战，全国人民抗日情绪更加高涨。上海几十万工人举行声势浩大的反日总同盟罢工。上海日本工厂里的六七万中国工人，日本轮船公司里的中国职工、水手，日本机关、商店、住宅的中国服务员、店员、女工等纷纷罢工或离职，支援十九路军抗战。是时，华侨抗日运动亦风起云涌，势不可遏，抵制日货声势更加浩大。当年 4 月 16 日，新加坡中华总商会又"致函天津市商会代向华北各工厂征集国货样品，从速装寄，俾本会得开一国货展览会"。此后，新加坡中华总商会还筹办了国货扩大展览推销大会（类似交易会），并于 1935 年 10 月 5 日开幕。时内文里乡侨杨缵文任特别会董，东巷乡侨林子明为该会会董、查账员，在扩大推销国货方面均起很大作用。应各厂商要求，该推销大会，按计划延长 3 天，英荷法各属中华总商会或来信接洽，或派代表磋商，均要求新加坡国货扩大展览推销大会闭幕后，将国货样品移往展销，影响甚大。

1937 年"卢沟桥事变"发生，全国抗日战争开始后，华侨万众一心，坚持抵制日货，拒用日货，查禁日报，打击日本帝国主义经济。爱国的文化社团和侨校师生，还演出话剧、活报剧，组织街头宣传队开展各种抵制日货的宣传活动。抵制日货运动逐步扩展到对日本经济实行多方抵制，如不运输日货，不与日本银行及保险业往来，不为日本人开设的工厂、商店服务，不搭乘日轮，华侨报刊不登日商广告，不卖给日本军事原料，等等。聚居东南亚的潮安华侨，在各地均挺身而出，站在抵制运动的行列。如任职于新加坡联泰保险业的宏安乡华侨许奇文，即利用保险业手段，策动抵制日货，迫使奸商敛手。在潮侨众多的泰国，潮侨领张兰臣与商界知名人士林陶生等人，发动侨胞抵制日货，工作也甚为出色。泰国广大侨商、侨贩曾经通力合作，迫使过去日货的集散地——曼谷力察旺大马路成为死市。泰国内地各府，北起清迈，南至合艾，华侨商店和摊贩概不进日货，转办省港、欧美货。泰国的华侨搬运工人，也团结一致，拒卸日货，密切配合抵制日货运动，削弱日本对外贸易。在印度尼西亚、越南等地，华侨抵制日货运动，同样雷厉风行。

抵制日货的结果，迫使日本对南洋各地的贸易大幅度下降，经济受到沉重打击。

奋起投身救国运动　踊跃捐献支援抗战

海外华侨目睹东北三省沦落敌手，相继成立了各种救国组织，热烈展开救亡运动，筹募捐款、物资，支援祖国军民抗战及救济受难同胞。聚居东南亚的潮安华侨，纷纷加入各地的救国组织，从事抗日救亡运动，他们当中的杰出代表，业绩尤为突出。

当"七七事变"爆发，国难当头之时，潮安金砂乡侨陈振贤，适任新加坡中华总商会会长。他闻讯之下，义愤填膺，奋起号召侨胞组织"星洲华侨筹赈大会"，以救济祖国难民名义，筹款支援抗战，星洲华侨群起响应。陈振贤身为会长，事事起倡导作用，仅 1937 年至 1938 年在任的两年，所捐救国公债购机及其他款项，不下 10 万叻币。时曾执教于燕京大学，后侨居星洲的潮安宏安乡侨许唯心，在星柔侨社颇有声望，也奋起宣传抗日，发动侨胞捐资救国。星华筹赈大会成立后，潮安刘陇乡侨刘炳思，出任潮帮分会劝募股主任，在捐款中既为表率，又四处动员潮帮华侨输财救国，工作精神感人，劝募成绩斐然。抗战初期，武汉合唱团在马来亚彭亨州关丹演出募捐，侨居该地的潮安东凤乡侨陈炳礼，首捐助币 4 000 元，带动侨胞踊跃捐献。是时，历任新加坡渔业公益所正副主席的潮安华侨程丙林，在领导发动渔业同人购买救国公债、举行义卖方面，也成效卓著。"自

1936 年至 1940 年，新加坡潮汕华侨捐资叻币 50 余万元，加上马来亚各地潮汕华侨的捐资，总数达叻币 100 万元以上。"潮安华侨捐资支援抗战，名列前茅。

在泰华社会，祖国抗日战争全面爆发后，即成立了"暹罗各界抗日救国会"，分支机构遍及内地府、县，旅暹潮安华侨，不仅踊跃参加救国会的各种活动，而且在各级抗日救国会的组织中，担任领导职务者也不少。在曼谷，潮安华侨赖渠岱、张兰臣、林陶生等人，尽瘁于抗日救国事业，其忘我的精神，极为动人。在呵叻府挽空县，潮安侨商丁森利任抗日救国会副会长，他为抗日救亡运动，有一分热，发一分光。曾在上海受过高等教育的潮安华侨李其雄，1937 年回国考察时，适逢"七七事变"，遄返泰国后，他积极襄助全国劝募公债暹罗分会会长萧佛成，推销抗日救国公债。李其雄还认为要在远离祖国的错综复杂环境中，发动华侨抗日救国，非大力宣传不能成功，乃商诸侨领蚁光炎等，创办《中国报》于曼谷，自任社长、总编辑兼督印人。1938 年《中国报》被封后，他再创《中原报》，任总经理，继续宣传抗日，其忠勇爱国志，感人肺腑。

在印尼各地，"九一八"事变后，潮安华侨纷纷参加了当地成立的"华侨数国后援会""华侨义赈会""救灾委员会"等救国组织，奋起开展筹募财物支援祖国抗战。自"九一八"事变到"七七"抗战前夕，印尼华侨捐款共达 5 073 418 元法币和 219 568 元港币。全面抗战爆发后第一年，印尼华侨就捐献了 450 万盾和购买了 150 万盾的公债。其中，诚然有印尼潮安华侨的一份贡献。

在印支三国，华侨也成立了各种救国组织，救亡活动如火如荼。越南潮帮华侨且一度有救乡会的组织。老挝湄公河边境与泰国东北线接壤的省、市，均有师生发起捐献活动，受到学生家长的大力赞助，迅速影响了整个侨社，形成了热烈的捐献运动。他们将捐得的款项，寄往香港"保卫中国同盟"宋庆龄收转，支援前线抗日部队。

全面抗战期间，潮安华侨参与捐款支援祖国的方式，据亲历其境的归侨忆述：有潮侨商店或个人认定的长期常月捐，以救灾等名义举行的特别捐或献金运动，各种纪念日捐或节日捐，社团和学校举行"义卖""义演"的卖花卖物捐和游艺演剧及球赛捐，侨商的货特助账捐和舟车小贩的助账捐，侨校师生的节约储蓄捐，以及迎神赛会演剧捐等。这期间，潮安华侨工人、店员、职员和教师，尽管收入有限，生活并不宽裕，但他们甘愿将自己用血汗换来的薪金捐献给祖国。在"国家兴亡、匹夫有责""有钱出钱、有力出力"等口号的感召下，潮安华侨无论贫富均争相捐献。在潮侨众多的泰国，抗日救国会还把大批物资、捐款交给香港廖承志办事处，直接支援八路军、新四军抗日。

毅然归国抗战　保卫锦绣山河

"九一八""一二八"事变相继发生，全国抗日怒潮不断高涨，热血沸腾的中国青年，要求上前方杀敌。时就读于韩山省立第二师范学校的近百名侨生，矢志保卫祖国锦绣山河，强烈要求参加抗日义勇军。抗日战争全面爆发后，不少潮安华侨青年眼见祖国处于危难之中，大义凛然，甘愿离开亲人和放弃安逸生活，返国从戎，奔赴前线。他们为了追求真理，怀着对共产党的热爱和崇敬，对抗日圣地延安和解放区的向往，以及对八路军、新四军的敬仰，奔赴陕北延安，有些则参加了八路军、新四军、广东东江纵队和潮汕青年抗日游击队，战斗在抗日最前线，誓死保卫祖国。

在抗日烽火弥漫的年代，仅先后从泰国、越南和马来亚冲破重重险阻奔赴延安的潮安华侨，就有吴潮、王建华（女，彩塘东里人）、陈远高（磷溪田心人）、陆益（磷溪北坑人）、文迅（凤凰人）、杨烈（女，庵埠人）、庄国英（江东上庄人）、吴田夫（彩塘水美人）、陈宏（凤凰人）等一批人。这些血气方刚的青年，拿定"要抗日就得找共产党"的主意，万里迢迢，北上抗日，有的在抗日战场上献出了青春生命，如泰国潮侨陆益，早在海外便参加了抗日救亡运动，1938年广州沦陷前夕，他与一批泰国华侨归国抗日，由广州辗转进入延安抗大学习，后又从戎加入八路军，转战沙场，戎马倥偬。1940年（或1941年）间，他出任八路军营长，在河北阜平县对日作战中，指挥战士英勇杀敌，身先士卒，碧血染桑乾，为国捐躯，时年仅二十出头。陆益是潮安华侨返国从戎的佼佼者，也是泰国华侨支援祖国抗战的优秀代表之一。抗日战争时期，投奔延安的潮安华侨青年，在祖国危亡之秋，为抗日救国事业作出了贡献，他们都先后加入了中国共产党，成为各级领导干部。新中国成立以后，吴潮曾任广东省军副参谋长，陈远高曾任省体委主任，吴田夫、庄国英曾任中央机关正、副司长，文迅曾任中共广州市委党校副校长，陈宏曾任汕头地区副专员。

抗战期间，活跃于潮汕一带的"青抗会""华侨回国服务团""救护队"等组织中，籍贯潮安的华侨为数就更多了。他们怀着报效祖国的赤诚之心，冒风险共赴国难，返故乡投身到抗日救国的洪流中去。1938 年 5 月，暹罗华侨救护队在意溪黄家祠成立，队长洪业，副队长伍退思（潮安人）。参加救护队的华侨、侨属 100 多人，其中籍属潮安的队员，占相当的比例。救护队还在潮州城竹木门设办事处。是年秋，该队前往澄海救护反攻南澳的抗日受伤人员；1939 年上半年，日本飞机在意溪韩江边扫射"嘉陵号"客轮时，该队即往该轮救护受伤乘客 30 多名；同年 7 月，潮汕驻军以独九旅为主反攻潮州城，暹罗华侨救护队也随军奔赴前线，抢救伤员。该队随军工作两年多，直到 1940 年 9 月独九旅调防之后才解散。1940 年《华侨问题专号》曾记载："安南华侨青年童军战地服务团，第二批 74 位，由总部派往粤北及潮汕警备司令华振中处工作，潮汕失守时，该团团员有自请参战，致在潮州城殉难了女团员 1 名、受伤 3 名，余下 70 名，依旧在前方。第三批 33 名，仍在潮州一带补充，这好多地方是他们的老家，在语言和生活习惯上都是十分娴熟的。"可见安南潮侨回国参加抗战的端倪。当战火烧通潮汕大地时，马来亚归侨黄名昌即在故乡江东下埔村办起民众夜校，宣传抗日救国道理。1940 年初，黄名昌加入了中国共产党，自此黄家成为潮澄饶党组织进行抗日活动的秘密联络点。黄名昌后来被党组织派往汕头市从事抗日地下工作，赴汤蹈火，多次出色完成党组织交给的任务。1942 年3 月间，由于叛徒出卖，发生了中共汕头市地下组织遭日本宪兵部破坏的事件，黄名昌不幸被捕。狱中，他坚贞不屈，视死如归，表现了大无畏的英雄气概，为党和人民而壮烈牺牲。

从海外返国从戎的潮安华侨青年王丽、陈森彬等人，还参加在华南抗日的东江纵队战斗行列。陈森彬原是老挝侨校进步学生，祖籍潮安铁铺石头村，父母侨居老挝，"七七"事变后，他出于对祖国的热爱，在老挝即投身于抗日救亡运动，香港沦陷前夕，祖国抗战正酣，他随老挝侨校校长回国参加东江纵队，上前线抗日，与侵略者拼搏。1941年，东纵部队在广东平山（惠东）同日军作战，陈森彬英勇战斗，消灭敌人，不幸洒血沙场，以身报国。

太平洋战争爆发　坚持抗击侵略者

1941年12月7日，日本帝国主义突袭美国珍珠港，发动太平洋战争，为侵占东南亚开路。不久，潮安华侨聚居的马来亚、泰国先后陷落，两地处于日本法西斯的铁蹄蹂躏下，至此华侨抗日活动转入另一阶段。侨居马来亚、泰国的潮安华侨，发扬了爱国主义和国际主义的精神，坚持参加当地抗击日本侵略者的斗争。

是时，侨居海外的潮安进步青年，不少人在马来亚参加了"马来亚人民抗日军"，在爪哇参加了"抗日民族大同盟"，在泰国参加了"反日大同盟"等抗日组织，和当地各族人民及广大爱国华侨并肩战斗，开展打击日本侵略者的活动。这期间，庵埠内文里乡侨杨书铺（侨领杨缵文之侄儿）、磷溪仙美乡侨李韧等，在新加坡参加了马来亚共产党地下组织，积极从事散发传单、张贴标语等宣传抗日的秘密活动，鞭挞日本帝国主义发动侵略战争的罪行，唤起当地各族人民，团结起来，狠狠打击日本入侵者。侨寓于马来亚天定州邦喀岛的潮州在城侨商蔡群英，1943年在日军占领邦喀岛戒备森严的情况下，出于忠贞爱国，不计个人安危，毅然接受重庆政府联络官的请求，在邦喀岛任情报长，与盟国潜艇通消息，配合盟军在太平洋战区对日作战，一直工作了十多个月。至1944年3月12日，蔡群英不幸被日本宪兵缉获，惨遭酷刑，受尽苦楚，他经营的商店，也被日军没收。

为报国事，蔡群英一片丹心，灼然可见。

综上所述，在祖国浴血抗战时期，海外潮安华侨始终和全国同胞一道，为了粉碎日本帝国主义者妄图并吞中国、独霸亚洲的罪恶阴谋，为了把日本侵略者驱逐出中华大地，他们爱国不甘人后，救亡争挑重担，直至为国捐躯，在华侨爱国史上留下不朽的功绩。它将永远载入史册，铭记在故乡人民和海外潮人的心中。

潮州解放前后

1949 年 1 月，中国人民解放军取得了三大战役的伟大胜利。4 月，人民解放军挥戈南下，百万雄师横渡长江解放南京。闽粤赣边纵二支队、四支队和潮饶丰边、潮揭丰边的人民武装，配合全国胜利形势，主动出击，取得了一连串的胜利，开辟了由山地到平原的大片游击走廊，为潮澄饶平原武装斗争的开展创造了有利条件。

南京解放以后，中共华南分局先后发出了《对大军渡江后华南工作的布置》和《加紧准备迎接南下大军的工作》指示，中共潮汕地委潮澄饶丰澳分委（简称"分委"），根据华南分局的指示，于六七月间先后成立潮安、澄海、饶平三县的接管工作调查研究组，着手搜集有关资料。8 月 2 日，分委在凤凰泰昌召开"迎军工作座谈会"，成立迎接大军支前委员会和各级迎军动员大会，指示各地组织发动群众做好支前工作，协助大军消灭残敌；加紧整党整军，加强革命纪律，并布置人员准备接收工作。9 月间，分委又在凤凰松柏下村养英小学，召开接管工作研究学习会，讨论研究接管的各项具体计划，规定了保护人民生命财产、保护民族工商业、保护公共文化教育、保护国民生命财产的政策，并对部队入城纪律作了若干补充规定。分委考虑到潮安是国民党潮澄饶的反动统治中心，阶级斗争情况比较复杂，决定由分委主要领导人及四支队主力部队负责接管潮州，并由分委书记李习楷、副书记许士杰、四支队司令员许杰任潮安县军事管制委员会主任、副主任。会议为潮安的全面解放和接收，从思想、组织和政策上进行了准备。

这期间，中共潮安县工委在分委领导下，一面积极领导农村的武装游击斗争；一面加紧潮州城区的工作；领导学生运动，进行统战策反，建立交通情报网，搜集敌人的政治、军事、经济情报；加紧对潮城国民党的机关及各社团进行调查，摸清其机构设置、主要人员，驻军的番号、人数、装备、设防，保、甲设立，社会名流、学校、医院、银行以及黑社会组织"十三组"等情况，并加紧对潮城国民党机关、驻军进行策反。先后接受策反的有中国农民银行潮安办事处主任刘青山，潮安在城镇公所副镇长黄虞声，《潮安商报》编辑邢德树，潮安县政府助理秘书张毓华，潮安警察局督察长曾宪萱等一批人。潮城驻军接受策反的，有省第五区保安一团二营（简称"保安一团二营"）和潮安警察中队等。中共潮揭丰边县委，则通过山后武工队设在潮城的地下情报站，不断为边纵二支队提供潮城敌人各种情报。二支队"潮汕待解放区行动组"也先后派人在潮安和汕头与驻潮安的省保安一团团长黄莫邪、保安一团二营营长林齐英秘密会遇，进行策动，并派员潜入团部及二营任职，掌握兵力，还确定了二营起义的"正锋"旗号和联络的旗语、灯光、哨音讯号，为其起义作准备。

10月1日，中华人民共和国在北京宣告成立。中国人民解放军总部发布向全国进军命令。继"三野"解放福建漳州之后，10月14日，"四野""二野"解放广州，对粤东形成了一个夹攻的态势。这时，"四野先遣51支队"（闽粤赣边纵队直属部队一部）在完成解放兴梅之后，南下进入了潮汕。潮汕国民党及其军队在我南下解放大军的威逼下，慌忙组织撤退。喻英奇和胡琏军队，也于中旬初和中旬末先后撤离了潮州城。18日，边纵领导人刘水生、铁坚、朱曼平、林美南和潮地委书记、二支队政委曾广及李平、徐扬、张希非、陈彬等，在揭阳五经富附近举行会议，研究部署解放全潮汕和接管工作，会议决定分兵三路：由边纵各直属团负责中路，从揭阳经潮安直插汕头市；二支队四团、九团、十一团为右翼，经普宁直插潮阳、解放汕头市以西地区；二支队一团、三团和四支队及暂编三支队为左翼，解放汕头市以东地区。

21日，胡琏兵团残部的最后一批部队，从汕头乘军舰逃往台湾。保安一团二营军队在拒绝团部撤往南澳命令之后，由团部政工主任蓝名雄、二营营长林齐英带领，在笔架山驻地决定起义，并以约定的联络讯号与解放军联系。四支队先遣队120多人在司令员许杰率领下，从凤凰进抵潮安文祠。二支队司令员张希非率部从揭阳北进抵潮安古巷，并于当晚在古巷召开一团、三团领导人参加的作战会议，研究部署进抵潮城工作，并派员与四支队司令部进行联系。边纵直属三团，从揭阳新亨经黄岐山脚东进，进抵潮安浮洋圩后，一路开进彩塘，一路从浮洋插向护堤公路的云步圩，以防汕头援敌和截歼潮城逃敌。这时，潮城国民党的党政反动头目纷纷逃命，刑警队长蔡志扬带领潮安刑警队逃窜于金石、沙溪一带，潮城只剩下已接受我军策反的县警察中队和在城镇公所的自卫小队、零星的便衣队人员以及城东笔架山保安一团二营。新任潮安县县长的黄哲明，在我策反的人员游说下，表示愿意留下来做些维持治安和交接的工作。潮安县工委随即把潮城情况向二支队和四支队司令部报告，并一方面对一些地方代表人物进行教育，要他们维持好治安秩序；另一方面组织工人、学生护厂护校，防止坏人乘机破坏。同时，工委还指令在城镇公所副镇长黄虞声，出面召集在城各保保长开会，要他们做好维持秩序和准备迎接人民解放军的工作。至此，潮城已完全在我军控制之下。

22日上午，四支队先遣队已进抵意溪东津堤顶，并进行警戒。下午，二支队的一、三团部队在潮安县工委的配合下，进驻潮州城：一团部队从枫洋出发，经枫溪直插潮州城郊厦寺村，在南门春城楼进行警戒；三团部队从古巷出发，经枫溪直抵潮州西门，并在葫芦山、北门金山和东门楼进行警戒。四支队司令员许杰也率先遣队，从意溪北门渡口摆渡过江，进抵潮州北门，沿城河墘到达潮安县立第一中学后，许杰、张希非和潮城地下党负责人许拱明，在一中"复兴堂"会遇、交流情况，决定在四支队大部兵力尚未进城之前，潮城外围警戒任务由二支队执行，四支队负责接管县政府、警察局，并配合地方党组织做好二支队部队的供给工作。傍晚，许杰率四支队先遣队进驻潮安县政府，开始准备欢迎四支队部队入城仪式事宜。

同时下午，潮安县警察局督察长曾宪萱按我潮城党组织的通知，带县警察中队及部分乡警共100多人，到西湖潮安一中操场向我军缴械。当晚，保安一团二营宣布起义，待命接受我军改编。至此，潮州城宣告解放。

23日，四支队举行入城仪式。近午，潮州人民和各界代表高举红旗，并出动13班潮州大锣鼓，从东津堤顶至城内大街，夹道欢迎中国人民解放军。四支队十一团、十五团部队和后方机关人员，列队经湘子桥从东门进入潮州城，军民高呼"打倒蒋介石！""解放全潮汕！""解放全中国！"口号，盛况空前。四支队部队进城后，接替了潮城警戒任务。二支队奉命前往解放汕头市。

同日，四支队奉边纵命令，宣告"中国人民解放军闽粤赣边纵队潮安县军事管制委员会"（简称"军管会"）成立，军管会主任李习楷，副主任许士杰、许杰，委员邱河玉、许拱明、李诗铭、陈孝乾、许云勤、张广友。接着四支队颁布了军管会第一号、第二号布告，要求潮安民众同军管会衷诚合作，切实遵行人民解放军总部的约法八章和军管会颁布的守则，安居乐业，恢复市面繁荣，共建人民新潮州。中午十二时许，军管会主任李习楷和副主任许士杰、许杰率军管会全体人员进抵县府并举行升旗仪式，后即开始办公。

军管会设秘书处，主任秘书李世海；政务科，科长许拱明；公安科，科长陈孝乾；民运科，科长许云勤；交通科，科长陈作德；财粮科，科长邱河玉，副科长陈光远；军事科，科长张广友；文教科，科长庄育恕（女）；银行，行长陈光远（兼）。后又设卫生科，由杨君勉负责。

军管会还沿袭原区的建制，全县设立8个区，并派出各区正副区长：附城区，区长廖由能，副区长王荻信；仁和区，区长赵世茂，副区长李俊昌；荣意区，区长曾传钦，副区长蔡义安；秋东区，区长李开胜，副区长余堂；江桂区，区长蔡天富，副区长陈之雄；云隆区，区长曾传钦，副区长陈明；上东区，区长李诗铭，副区长王家桂；龙溪区，区长林齐安，副区长林坤。

当天，中国新民主主义青年团潮安县工作委员会和潮安县妇女工作委员宣告成立。县团工委书记许云勤（兼），县妇工委书记陈通杏。

24 日，潮安县军管会开始对旧政权的党、政、军（警）等办事机构进行全面接管工作，派员接管省第五行政区督察专员公署，潮安县政府、县党部、参议会、法院、警察局、保警以及财税、粮食、水利、邮政、文化、教育、交通、航运等部门和教堂、教会。省立金山中学、省立韩山师范学校则分别由军管会派军事代表进驻，进行核产登记清理，其他中小学校维持原状。

28 日，县军管会发布中小学校复课命令。全县 9 所公、私立中学和 379 所小学相继复课。

此后，军管会在肃清残匪斗争中，认真贯彻执行潮梅行委关于《敦促国民党地方部队、保警、联防投诚的命令》，发动了强大的政治攻势，采取了宽严结合的政策，收到较好的效果，基本肃清了国民党在潮安的反动武装残余势力。

与此同时，军管会成立了减租减息委员会，组织政治工作队下乡，发动和组织农民起来参加农会，进行减租减息斗争，农民得到了实惠，减轻了负担，改善了生活，提高了阶级觉悟，大扫了地主阶级的威风。在城镇，军管会开始没收官僚资本的工作，宣布停止一切旧工会活动，成立潮安县总工会筹备处，开展宣传教育，把各行各业的工人重新组织起来，建立真正代表工人群众利益的新的工会。

11 月下旬，中共潮安县委员会成立。从此，潮安人民在党的领导下和全国人民一道开始进入经济恢复和社会主义建设时期。

溪墈楼之战

一

1949 年 5 月中旬，闽粤赣边纵队第四支队（简称"四支队"）成立后，为了进一步巩固凤凰山根据地，扩大解放区，司令部决定拔掉饶中的溪墘楼顽敌据点，消除根据地侧翼的军事威胁。这是四支队成立后一次规模较大的战斗，而且除主力部队之外，还发动饶中一带几百名民兵直接参战，体现了军民并肩作战的特点。

溪墘楼是饶平中部浮山区西四乡张姓的一个村落，人口三四百人，是凤凰山根据地连接闽南的必经之道。1949 年三四月间，由于我军活动频繁，敌人为了堵住我西四游击区向浮山方面伸展，除了匪吴大柴率其自卫大队主力驻于浮山圩之外，敌饶平县政警第四中队长周水亭率其所部一百余人分别驻于溪墘楼村中水头祠（一个分队）和与溪墘楼相距只有三华里之浮滨圩（两个分队），西四伪联防队长张振欧也率所部四五十人驻于水头祠附近，和周水亭互相呼应，这样，溪墘楼和浮滨圩这两个据点就成为匪吴大柴在西四的前哨，和浮山圩隔黄冈河互为犄角之势。

敌人周水亭进驻溪墘楼和浮滨圩后，置关设卡，抢劫勒索，强奸妇女，骚扰百姓，并于浮山圩后小山头上构筑工事，决心与我军为敌，群众恨之入骨，纷纷要求我军为民除害。因此，从群众要求和我们的军事行动来说，拔除溪坽楼这一反动据点和消灭浮滨之敌是十分必要的。

二

这次战斗，我军集结了支队主力十一团、十五团、司令部短枪班，西四武工队、饶中民兵基干中队和各村民兵共八百多人，改变以前的奇袭而采用集中优势兵力的围攻。

1949 年 5 月 24 日，我十一团和十五团于欧阳山村集结。25 日上午，支队党委在欧阳山小学召开党委扩大会议。会议由副政委吴健民主持，他向大家介绍情况之后，提出这次战役可能是一次硬仗，打或不打，要打又如何打，要求大家发扬民主，各抒己见，会议开得十分活跃。会上，绝大多数同志认为根据敌我双方情况，打好这一仗会有十分重大的意义，而且有利多于困难，因此坚决要打。但也有少数同志认为敌人周水亭武器装备好，战斗力较强，寨堡坚固，我方缺乏正面攻坚的经验，而邻近尚有浮滨、浮山等几个据点之敌，怕胜利未有十分把握。

吴健民根据绝大多数同志的意见，作出打的决定。他说，这次战役意义重大，拔除敌人这两个据点，为民除害，提高我军声威，这不单是一次重要的军事仗，而且是一次重要的政治仗。从敌我双方的情况看，我军有许多克敌制胜的有利条件：①我军指战员斗志高昂，军民协同作战，力量强大；敌人士气低落，各部又互有矛盾。②西四一带群众基础好，我军攻城拔点，顺应民心；敌人为非作歹，在群众中十分孤立。③敌军装备，布防情况我已有可靠情报，我军集中优势兵力，数倍于敌，因此，只要我们充分发挥有利条件，妥善部署，正确指挥，定能克服困难，胜利是有把握的。

接着，许杰司令员作了军事部署，决定"关门打狗""围城打援"：①在溪坽楼外围布置严密警戒，堵住四方来援之敌，使溪坽楼之敌完全孤立，由我军关起门来打；②先攻溪墘楼以诱浮滨之敌出援，于半路设伏消灭，然后再集中火力歼溪墘楼之敌。

一切布置完毕，各部分别进行战前动员、部署，战士们个个精神抖擞，摩拳擦掌，一场激战就要打响。

三

1949 年 5 月 26 日拂晓以前，我军主力连队、武工队和民兵队伍在向导的带领下，按指定地点分三路先后进入阵地：第一路由十一团团长许燐炯率领，该团部分兵力和饶中民兵基干中队，进入溪墘楼北面虎头山咀和北寨山一带，占领了制高点；第二路由十一团副团长余兆麟和司令部作战参谋黄郭宜率所部一个连和司令部短枪班三四十人，从欧阳山经虎头山绕宫下村，到妈宫山下的老圩和桥头村边隐蔽埋伏；第三路由十五团团长张广友带领，秘密运动到溪墘楼东面山头，以便阻击浮山援敌并控制浮滨之敌。这样，三路主力对溪墘楼形成了一个半月形的包围圈，加上外围武工队和民兵的设防警戒，一切可能增援溪墘楼的来路均被我军切断，溪墘楼之敌完全陷于孤立之中。

5 时 10 分，天刚蒙蒙亮，我军主力十一团发动攻击，战士们对准水头祠驻敌营地猛烈开火，溪墘楼村被我们团团围住。敌人一面慌乱还击，一面纠合后备队冲出后门，逃进村里大楼寨，紧闭寨门，凭高顽抗。浮滨驻敌果如我军所料，率五六十人涌向溪墘楼增援。负责歼灭浮滨援敌的十一团一连和短枪班在老圩和桥头村边制高点，正注视着敌人逐渐进入伏击线，不料负责控制浮滨驻敌的十五团中有几个新战士缺乏作战经验，过早暴露，敌人见我军只有少数人，沿山坡拼命追赶，企图抢占制高点，把我军原定的伏击部署打乱。十一团一连即下令冲锋把敌人压下，隐蔽在桥头村边厕所土墙内的短枪班也向敌冲杀，十五团部分战士跟着向敌人开火，敌人腹背受敌，无法退回浮滨，只好凭借山坡的有利地形朝溪墘楼狂奔。我军战士在后面追赶，枪声、喊杀声震撼大地，敌人奔到溪墘楼村后，竟躲进水头祠，企图负隅顽抗。我军追击部队随即围拢。与此同时，我军主攻部队十一团和饶中民兵基干中队也已冲进溪墘楼村，集中火力向水头祠之敌攻击。战斗持续到上午九时许，敌人招架不住，企图逃进大寨不成，占据一座小楼与我军对抗，我军凭借优势兵力，终将这股敌人消灭。共俘敌四十五名，缴获捷克式轻机枪一挺，步枪六十多支，驳壳枪一支，手榴弹数颗，并继续对溪墘楼大寨之敌发动围攻。

近午，盘踞溪墘楼大寨之敌仍不肯投降，继续居高临下用机枪向我军射击。这时，副政委吴健民亲临溪墘楼前沿，与司令员许杰观察战况后，下令我军暂时停止攻击，让同志们稍事休息吃午饭。饭后，我军继续对溪墘楼大寨组织更加猛烈的进攻。十一团一连连长余畅率领许多战士冲至寨前，用斧头劈开寨前的竹栅子，用土炸炮猛轰寨门，但仍没法轰下。作战参谋黄郭宜情急生智，叫人找了几根大竹竿，民兵基干中队长林贤能（阿贡）和民兵阿炒扶住竹竿，短枪班长陈复盛（阿成）、副班长余教奋勇爬竿上屋，将土炸炮投向楼内敌人，敌人惊慌大叫，但仍继续用机枪还击，陈复盛中弹重伤躺倒，余教见状急忙匍匐下屋檐，想取机枪上屋回击，不幸中弹牺牲。战士们前仆后继，毫无惧色。他们冒着弹雨爬至窗口，终于用土炸炮把敌人的一挺机枪炸哑。"缴枪不杀"的喊话声威震敌胆。但敌人竟采用卑鄙的诈降手段，在窗口摇着白旗，并掷下冲锋枪一支、步枪七支、枪尾筒一支。当我军上前收拾时，敌人猛然间集中火力向我军射击，致数名战士死伤。战士们怒火填胸，高喊着为烈士报仇的口号，又发起攻击，战斗一直延续至下午四时许。

溪墘楼战斗打响之后，浮滨之敌除约六十人窜到溪墘楼之外，余敌则闭门不敢出来，浮山吴大柴匪部开始时也曾试图从罗坑过黄冈河前来救援，遭我十五团猛烈射击后又龟缩回去；钱东青岚匪敌罗固部五六十人曾抢占南面山寮的柘林仔山头，企图从西面增援溪墘楼，也为我西四武工队和民兵狙击，不敢前进；坪溪、樟溪之敌见我军势大，则一直未敢出动。下午三点多钟，敌从饶城开来政警中队，企图与浮山匪军会合，以解溪墘楼之围，过汤溪时即遭我军隐蔽在杉峰山上的警戒队伍狙击，敌登上九十坑岭与我军对峙，但不敢逾越；与此同时，浮山圩匪听到汤溪方面的枪声，知饶城伪警已动，便壮大胆子，重新组织火力向我军射击，并有小股敌人越过黄冈河企图抢占我方山头，被我方十五团火力压下去。至此，我军司令部考虑到溪墘楼残敌一时难以攻下，且饶城、浮山援敌来势不小，我军已强攻十多个小时，故决定及时撤出战斗。下午四时许，我军主力撤离阵地，押解俘虏和战利品回大榕村。大榕村的群众扶老携幼，争相迎接胜利归来的队伍，为我军烧水做饭，安排好宿营地。隔天，附近各村杀猪蒸粿，敲锣打鼓，纷纷涌向大榕村慰问子弟兵，大榕村里迎来送往，比大年初一还要热闹。

四

溪墘楼一仗虽未全歼溪墘楼和浮滨之敌，但已达到预期的战略目的，予敌人以重创，在政治上和军事上都有十分重大的意义。

首先，它显示了我军的威力，已由小股兵力的奇袭发展到集中主力的强攻。这一仗我军集中了优势兵力，在四周尽是敌人据点的地带关起门来打狗，直打得敌人丧魂落魄，胆战心惊。周水亭当夜逃到浮山后，抱怨吴大柴见死不救。吴摇头叹息，谓自身难保，并以此责怪伪饶平县县长詹竞烈。詹反口相诘说："你们那里集结了'共匪'上千人，饶城难保不出现这种情况，要我增援你们，县城的安全还要不要？"反动分子互相抱怨，预感着末日即将到来。过了不久，伪饶平县政府终于从三饶迁至钱东。

其次，它鼓舞着广大人民群众，增强了胜利信心，使群众们热烈地投身到解放事业的战斗中来。溪墘楼战役集中了饶中民兵数百人，进行外围警戒保卫，让主力得以关起门来打狗，民兵基干中队则直接参战；人民群众纷纷行动起来，参加抬担架和劳军工作，或在暗中给我军以帮助，充分体现了我军与人民群众血肉相连的关系。溪墘楼战斗前因我军活动频繁，敌人为了加强戒备，组织该村壮丁守更，规定一有情况即鸣锣报警，但在我军秘密进入大榕虎头山阵地时，值更壮丁虽有觉察，但因痛恨周水亭等残害乡民，故明知而不报，为我军提供了方便。溪墘楼战斗之后，大榕各村要求参军的就多达二十余人。

最后，溪墘楼一仗打得敌人胆战心惊，不得不从溪墘楼和浮滨撤走，吴大柴从浮山伸出的两个触角被砍断了。至此，饶中地区除浮山圩及其附近两三个村落为敌区外，其余地区都已成为解放区或半解放区，不少地方从以前"白皮红心"的两面政权到建立起解放区民主政权，国民党反动派不敢再到这些地方征兵、征粮、征税；饶城、浮山之敌更感孤立，饶中与凤凰、八仙山解放区连成一片。